INTERPRETATIONEN DEUTSCH

THEODOR FONTANE

Irrungen, Wirrungen

Interpretiert von Bertold Heizmann

STARK

Bildnachweis
Titelbild: ©MEYER ORIGINALS
S. 6: bpk
S. 14, 22, 26, 38, 40, 44, 48, 51, 59, 71, 80, 85: ©MEYER ORIGINALS
S. 19, 21, 83: © Helmut Seuffert, Frankfurt
S. 93: ullstein bild - Hyzdal von Miserony

www.stark-verlag.de

Inhalt

Autor: Dr. Bertold Heizmann

Vorwort

Liebe Schülerin, lieber Schüler,

diese Interpretationshilfe zu Theodor Fontanes *Irrungen, Wirrungen* ermöglicht Ihnen eine gezielte Vorbereitung auf die Lektüre des Werkes im Unterricht sowie auf Klausuren.

Zu Beginn steht ein kurzer Überblick über die **Biografie** des Autors sowie über die **Entstehungsgeschichte** des Romans. Es folgt eine ausführliche **Inhaltsangabe**.

Das Kapitel **Textanalyse und Interpretation** stellt den Hauptteil der Interpretationshilfe dar. Zunächst wird ein kurzer Überblick über Fontanes „Berliner Romane“ gegeben, zu denen *Irrungen, Wirrungen* gehört. Es folgen Hinweise zum **Textaufbau**. Die Hauptfiguren und ihre Beziehungen untereinander werden charakterisiert; hierbei sind Blicke auf den historischen Hintergrund sowie auf die Sozialstruktur notwendig. Insbesondere wird das – heute in dieser Form wenig nachvollziehbare – Problem des **Standesunterschiedes** thematisiert und den Fragen unterworfen, wieweit dieser Unterschied das persönliche Glück der Protagonisten dominiert und ob Fontane Lösungswege anbietet. Fontanes Blick auf die Arbeitswelt sowie auf den Alltag der „kleinen Leute“ sind ferner Belege für seine realistische Erzählweise. Das Thema „Theater“ ist doppelt bedeutsam: Es ist zum einen ein Struktur-, zum anderen ein inhaltliches Merkmal: Indem einige der Figuren eine Rolle *spielen,* machen sie sich selbst und den anderen Personen etwas vor. Zur Struktur des Romans gehören im Weiteren vorausdeutende Motive. Einen Schwerpunkt bildet ferner die Analyse der Sprache. Auch hier gibt es zwei Aspekte: zum einen Fontanes Erzählsprache, zum anderen aber die Ausdrucksweise der Figuren, die nicht nur auf den jeweiligen gesellschaftlichen Stand hinweist, sondern auch auf die Herzensbildung des jeweiligen Sprechers. Einen breiten Raum nimmt hier die sogenannte „Redensartlichkeit“

ein, die in allen Schichten zu finden ist, aber zugleich als Unterscheidungsmerkmal dient. Die **Schlüsselstellen**, die dann exemplarisch interpretiert werden, liefern Ihnen Beispiele für eine selbstständige Erarbeitung des Textes.

Die Hinweise zur **Rezeption** am Ende des Bandes sind aufgeteilt: Zunächst werden zeitgenössische Reaktionen benannt, danach finden Sie einige Hinweise zur literaturgeschichtlichen Rezeption. Am Schluss wird – als Beispiel literarischer Wirkungsgeschichte – auf den 1984 erschienenen Roman *Neue Herrlichkeit* von Günter de Bruyn verwiesen, der, in deutlicher Anspielung auf *Irrungen, Wirrungen*, das Scheitern einer Liebesbeziehung in der DDR beschreibt – ein ironischer Reflex auf Klassenunterschiede in einer eigentlich „klassenlosen" Gesellschaft und somit ein humoristischer Beleg für die Überzeitlichkeit des Fontane'schen Romans.

Die **Literaturhinweise** sollen eine vertiefende Beschäftigung mit dem Roman ermöglichen.

Bertold Heizmann

Dr. Bertold Heizmann

Ob Sie den Roman „Irrungen, Wirrungen" und die Ausführungen dieser Interpretationshilfe verstanden haben, können Sie durch kleine Online-Aufgaben testen. Dazu benötigen Sie nur Ihr Smartphone und einen QR-Code-Scanner, den Sie sich ganz einfach kostenlos downloaden können. Scannen Sie dann die QR-Codes, die am Ende mehrerer Kapitel dieser Interpretationshilfe abgedruckt sind. So werden Sie automatisch zu den Aufgaben geführt. Der links stehende QR-Code leitet Sie zu einem nützlichen Glossar mit wichtigen Begriffen der Erzähltextanalyse weiter.
Haben Sie keine Möglichkeit, den QR-Code zu scannen, finden Sie die Online-Aufgaben und das Glossar auch unter: http://qrcode.stark-verlag.de/2400402

Einführung

Der Schweizer Literaturwissenschaftler Peter von Matt bezeichnet *Irrungen, Wirrungen* als „**Fontanes vielleicht vollkommenste[n] Roman**", und er fügt zur Begründung an: „vollkommen in dem Sinne, daß alles mit einer tranceähnlichen Sicherheit leicht und richtig an seinen Platz gerückt erscheint."[1] Das Liebesverhältnis zwischen einem Mädchen von niederem Stand und einem Adligen kann zu keiner dauerhaften Bindung führen; insofern erscheint mit den Ehen, welche die beiden schließlich eingehen, tatsächlich alles wieder „an seinen Platz gerückt". Beide machen sich diesbezüglich keine Illusionen; sie wissen, dass ihre Liebe unerfüllt bleiben muss, und handeln vernunftbetont. Aber ihre Gefühle lassen sich nicht ausschalten: Die Liebe dauert trotz der Trennung an.

Die **Liebesgeschichte zwischen Lene und Botho** eröffnet nicht nur eine persönliche, sondern auch eine sozialpolitische Dimension. Ende des 19. Jahrhunderts, also in der Zeit, in der *Irrungen, Wirrungen* entstand, gab es eine Fülle von Trivialromanen, die das Bedürfnis breiter Leserschichten nach einer Aufhebung der Standesschranken – im Roman – befriedigten. Genannt sei insbesondere die Autorin E. Marlitt (Pseudonym für Eugenie John, 1825–1887), deren Erzählungen und Romane größtenteils in der Familienzeitschrift *Die Gartenlaube* erschienen und die mit diesem Genre des Liebes- und Familienromans große Auflagen erzielte. Ein frühes Beispiel für diese Thematik lieferte der vielgelesene Heinrich Clauren (1771–1854) mit seiner Erzählung *Mimili*, der Geschichte einer Liebe zwischen einem Offizier und einer Bergbauerntochter. Das zumeist kleinbürgerliche Lesepublikum fand hier die romanhafte Erfüllung einer sozialen Angleichung, die in der Realität jedoch nicht anzutreffen war. Insofern dürfte Fontanes Roman jenes Bedürfnis enttäuscht, die Realität aber bekräftigt haben.[2] Daraus ergibt sich für den heutigen Leser die Frage, ob *Irrungen, Wirrungen* als unspektakuläres, um nicht zu sagen langweiliges Dokument der Zeitumstände um 1890 und der scheinbaren Bejahung der damaligen gesellschaftlichen Verhältnisse noch genügend Aussagekraft besitzt, um als Schullektüre im 21. Jahrhundert zu taugen.

Die Antwort werden Sie sich bei der Lektüre selbst geben können. Die Probleme, die eine Liebesbeziehung zwischen **Personen unterschiedlicher Herkunft** belasten können, sind heute nicht geringer als vor 120 Jahren. Zwar spielt der soziale Gegensatz zwischen dem Adel und dem – niederen – Bürgertum heute keine Rolle mehr, aber es gibt zahlreiche Hinderungsgründe, die etwa in der Kultur, der Hautfarbe, der Religionszugehörigkeit, der sexuellen Orientierung oder, nicht zuletzt, den Vermögensverhältnissen liegen. Und die Bereitschaft, über derartige Differenzen hinwegzusehen, ist keineswegs in allen Gesellschaftsschichten gegeben. Gerade beim Aufeinandertreffen unterschiedlichster Kulturen kann das Thema **Liebesheirat versus Vernunft- oder gar Zwangsheirat** zu einer lebhaften Auseinandersetzung führen.

Fontane ist ein **Schriftsteller der leisen Töne**. Die Figuren agieren vernunftbetont, exaltiertes Verhalten ist ihnen fremd. Aber gerade in dem stillen Verzicht zeigt sich ihre Gefühlsintensität. Wären Botho und Lene miteinander glücklich geworden? Diese Frage ist spekulativ. Ein dauerhaftes Glück gibt es bei Fontane nicht. Wenn also – im Gegensatz zum Trivialroman – ein billiges „Happyend“ fehlt, ist die Glaubwürdigkeit umso höher.

Biografie und Entstehungsgeschichte

1 Leben und Werk des Autors

„Ich bin […] im märkischen Sande geboren, an der Ostsee großgezogen, und meines Standes – Apotheker" (*LiB,* S. 9). Dies schreibt Fontane im Rahmen einer autobiografischen Skizze 1850 einem Zeitungsredakteur. Der Ort im „märkischen Sande" ist Neuruppin, „an der Ostsee" meint Swinemünde auf Usedom, der Geburtstag ist der **30. 12. 1819**. Zum Zeitpunkt seines Schreibens hat er von seinem Ziel, eine eigene Apotheke zu eröffnen, mangels der nötigen finanziellen Mittel Abschied nehmen müssen und bemüht sich jetzt um eine **journalistische Anstellung**. Eine andere Illusion hat er ebenfalls, wie er im selben Brief schreibt, schon recht früh aufgeben müssen, nämlich „unter die Literaten zu gehen", und er fügt mit launiger Selbstironie, die zeitlebens sein Charakteristikum sein wird, hinzu: „Gnädige Götter hatten es anders bestimmt." (ebd.) Tatsächlich hat er bis dahin immerhin einige durchaus beachtete **Gedichte** veröffentlicht; sein literarischer Ruhm resultiert allerdings aus seiner Romankunst, mit der er sehr viel später erst begonnen hat.

Als Hugenottenabkömmling erhält Fontane die Vornamen Henri Théodore, nennt sich aber stets Theodor. Den Nachnamen spricht er französisch aus. In seinem Charakter mischen sich das **romanische Temperament** des Vaters und die **märkische Nüchternheit** der Mutter. Über seine Kindheit gibt seine autobiografische Schrift *Meine Kinderjahre* (1894) Auskunft: Die verschiedenen Schulen, die er besucht, hinterlassen keine bleibenden Eindrücke; er ist eher **Autodidakt**. Intensiv erinnert er sich an frühe Lektüreerlebnisse: Die Romane Walter Scotts vermitteln ihm Einblicke in die Geschichte Englands und zugleich eine frühe **Zuneigung zu allem Englischen bzw. Schottischen**. Nicht Frankreich oder Italien sind die Länder, in die er gerne reisen möchte, sondern Großbritannien, und nach London geht auch seine erste Auslandsreise (1844). Erste lyrische Gehversuche befassen sich ebenso mit Stoffen aus der englischen Geschichte. Er liest zeitlebens sehr viel und bildet sich dadurch fort. Die Zeitgeschichte verfolgt er stets aufmerksam und kritisch. Die **Apothekerlehre**, die er in der Tradition seiner Familie absolviert, sieht er lediglich als Voraussetzung dafür an, einen Brotberuf ergreifen zu können.

Nach dem Scheitern dieser Laufbahn wendet er sich ganz dem Schreiben zu: Er arbeitet, aus finanziellen Gründen, als politischer Journalist bei verschiedenen Zeitschriften, gelegentlich auch bei staatlichen Stellen. Wegen seiner politischen Vorstellungen – er engagiert sich für die liberalen Bestrebungen der **Märzrevolution 1848** –, gilt er dort allerdings als unzuverlässig. So ist er froh, als er 1852 als „ministerieller Journalist" nach London geschickt wird. In den folgenden sieben Jahren, die er größtenteils auf der britischen Insel verbringt, erstellt er **Korrespondentenberichte aus London** für verschiedene Auftraggeber und unternimmt zahlreiche Reisen; die Reiseberichte *Aus England* und *Jenseit des Tweed* (aus Schottland) erscheinen beide 1860. Diese Berichte, in die er historische Ereignisse, Sagen und Volksballaden einstreut, sind eine Vorstufe seiner *Wanderungen durch die Mark Brandenburg*, die ähnlich strukturiert sind. England ist für ihn auch insofern prägend, als er in den Romanen von Charles Dickens und anderen die Forderung an die Literatur verwirklicht sieht, die Realität wiederzugeben. Zudem schult er seine Beobachtungsgabe infolge seines journalistischen Berufs. Nicht nur die Sehnsucht nach seiner märkischen Heimat, sondern auch seine familiäre Situation – er hat 1850 geheiratet und seine Frau und die Kinder blieben in Berlin zurück – führen dazu, dass er 1859 endgültig wieder **nach Berlin zurückkehrt**. Er bleibt „fest entschlossen [sich] nicht zu verkaufen" (*LiB,* S. 38). Nach einigen Rückschlägen erhält er eine gut dotierte Anstellung bei der konservativen „**Kreuz-Zeitung**". Dort bleibt er 10 Jahre (von 1860 bis 1870), allerdings leidet er zunehmend unter der „Brutalität, die darin liegt, unsre Freiheit und unsre geistigen Kräfte auszunutzen" (*LiB,* S. 156). Deshalb kündigt er dort und nimmt eine schwere Ehekrise in Kauf, aber für ihn geht „Independenz über alles" (*LiB,* S. 163). Schließlich erhält er eine Anstellung als Theaterreferent bei einer liberalen Zeitung. Diese Stellung gibt er erst im 70. Lebensjahr (1889) auf. Zwischen 1864 und 1876 entstehen seine Bücher über die Kriege von 1864, 1866 und 1870/71. Als **Kriegsberichterstatter** gerät er 1870 kurzzeitig in französische Gefangenschaft. Seine Befreiung verdankt er (vermutlich) einer Intervention Bismarcks. Er lebt fortan in Berlin und unternimmt zahlreiche Ausflüge ins Umland, so beispielsweise zu dem in *Irrungen, Wirrungen* erwähnten Ausflugsziel „Hankels Ablage".

Die **politische Entwicklung im Kaiserreich** gestaltet sich für ihn, der mehr und mehr zu den liberaldemokratischen Ideen seiner Jugend zurückfindet, wenig befriedigend: Er übt scharfe Kritik an den gesellschaftlichen Ständen, an der Bourgeoisie, der Orthodoxie und der (vornehmlich großagrarischen) Aristokratie. Es wächst der Wunsch, seine Auffassungen auch in Romanform niederzulegen. Über einen längeren Zeitraum hin beschäftigt er sich mit solchen Plänen und Entwürfen, immer wieder unterbrochen durch die Strapazen der Kriegsberichte sowie die

Arbeit an den *Wanderungen durch die Mark Brandenburg,* die aufgrund des großen Publikumszuspruchs auf mehrere Bände anwachsen. Schließlich, 1878, stellt er seinen ersten Roman *Vor dem Sturm* fertig, dessen Handlung zur Zeit der Befreiungskriege (1812/13) spielt. Nach einigen kriminalistischen Stoffen konzipiert er seinen **ersten Zeitroman**, *Allerlei Glück,* er soll der „Roman [s]eines Lebens oder richtiger die Ausbeute desselben" werden (*LiB,* S. 229). Dieser Roman gelangt zwar nicht zur Vollendung, dient aber mit seinen verschiedenen Themenkomplexen als „Steinbruch" für die dann in kurzer Folge erscheinenden **Berliner Romane**.

Die **Schaffenskraft der letzten sechs Lebensjahre** ist umso bewundernswerter, als der Schriftsteller, der immer schon kränkelte, seit 1892 unter den Folgen eines Nervenzusammenbruchs leidet. Sorgen bereitet ihm auch seine einzige **Tochter Martha**, genannt Mete, die für ihn eine „ständige psychologische Aufgabe" ist, da sie, eine hochintelligente und selbstständige junge Frau, keinen passenden Partner findet und zeitlebens unverheiratet bleibt.

Die Berliner Romane sind Zeitromane aus der berlinisch-preußischen Gegenwart. In ihnen setzt Fontane sich **kritisch mit der damaligen Gesellschaftsstruktur** auseinander, seine Beobachtungen zeugen aber von einer **warmen Anteilnahme**. Seinem Redakteur schreibt er 1879: „Zeitroman. Mitte der 70er Jahre. Berlin und seine Gesellschaft, besonders die Mittelklassen, aber nicht satirisch, sondern wohlwollend behandelt. Das Heitre vorherrschend, alles Genrebild." (*LiB,* S. 228) Dies entspricht seinem früh ausgesprochenen Bekenntnis zu einem **„schönheit-**

lichen" Realismus. Unser Bild von der literarischen Epoche des Realismus hat er damit maßgeblich geprägt. Die Personen seiner Berliner Romane – Offiziere, höhere Beamte, Kaufleute, aber auch die „kleinen Leute" – sind oft seinem biografischen Umfeld entnommen oder an dieses angelehnt. Fontane legt größten Wert auf die **Genauigkeit der Beschreibung**, er studiert ausgiebig die Schauplätze der jeweiligen Handlung. Auch die Stoffe gehen auf den Alltag zurück; oft greift er Zeitungsmeldungen auf. Das „poetische Redigieren" der Wirklichkeit sieht er als seine Aufgabe an. Diese Romane (v. a. *Irrungen, Wirrungen*, 1888; *Frau Jenny Treibel*, 1892; *Effi Briest* 1894/95, *Der Stechlin*, 1898) finden eine große Publikumsresonanz und befestigen endgültig seinen Ruf als Romanschriftsteller – eigentlich zu seinem Erstaunen, denn er selbst hat eher geglaubt, er würde als Lyriker überdauern.

Fontane erliegt am **20. September 1898** einem Herzschlag. Für seinen Tod gilt, was er seinem Romanhelden Dubslav von Stechlin – in vieler Hinsicht ein Alter Ego des Autors – in den Mund gelegt hat: „In das Gesetzliche sich ruhig schicken, das macht den sittlichen Menschen und hebt ihn."[3] Der Trauerzug zur Beisetzung, die unter großer Beteiligung der Öffentlichkeit stattfindet, führt noch einmal an zahlreichen Berliner Schauplätzen vorbei, die in seinen Romanen eine Rolle spielen. Vier Jahre später wird ihm im Berliner Tiergarten, dem Ziel seiner täglichen Spaziergänge, ein erstes Denkmal errichtet.

2 Entstehungsgeschichte des Romans

In Fontanes Tagebuch findet sich am 12. Dezember 1882 der lakonische Eintrag: „Novellenstoff aufgeschrieben (‚Irrt, wirrt')."[4] Einige Indizien sprechen dafür, dass Fontane – wie so oft – durch einen zeitgenössischen Vorfall zu seinem Werk angeregt worden ist; ein konkreter Beleg dafür fehlt allerdings. An der

Gattungsbezeichnung „Novelle“ hält er während der Arbeiten fest, denn die Bezeichnung „Roman“ oder gar „Berliner Roman“ findet er „schrecklich“. Die Arbeit an der Novelle ruht jedoch eine Weile. Zwei Jahre nach der ersten Notiz finden sich dann aber fast täglich Tagebucheintragungen wie „Gearbeitet: Irrungen – Wirrungen“. Außerdem unternimmt er in dieser Zeit, also im April/Mai 1884, „im Interesse der Novelle“ Ausflüge ins Berliner Umland, so am 7. Mai „nach ‚Hankels Ablage‘ an der Wendischen Spree“.

Aus dieser Zeit sind einige Vorarbeiten erhalten. Die Niederschrift eines ersten Entwurfs erfolgte dann „in runde(n) 14 Tage(n)“ eben in jener „Hankels Ablage“, nämlich vom 12. bis 26. Mai 1884. Sein neues Werk sieht er durchaus selbstkritisch; er nennt es seine **„Dunkelschöpfung im Lichte zurechtgerückt“** und schreibt am 13. Mai: „In der Regel steht Dummes, Geschmackvolles, Ungeschicktes neben ganz Gutem, und ist letzteres nur überhaupt da, so kann ich schon zufrieden sein.“ Vielleicht sind diese Skrupel der Grund dafür, dass er das Werk Ende 1886 und dann noch einmal 1887 überarbeitet. Schließlich stellt seine Frau Emilie eine Reinschrift her, die Fontane dem Chefredakteur der **„Vossischen Zeitung“** zuschickt: Dort soll die „Novelle“, die er in seinem Brief an die Redaktion auch als **„Berliner Alltagsgeschichte“** bezeichnet, in Fortsetzungen erscheinen. Er bekennt, er habe „dieser von mir besonders geliebten Arbeit [...] auf die Tausend Finessen [...] mit auf den Lebensweg gegeben“. Er scheint also inzwischen sein neues Werk höher einzuschätzen als anfangs.

Die „Novelle“ erscheint dann in der Morgenausgabe der „Vossischen Zeitung“ zwischen Sonntag, dem 24. Juli, und Dienstag, dem 23. August 1887, kapitelweise in 23 Fortsetzungen sowie

Anfang Februar **1888 als Buchausgabe**, jetzt mit der Gattungsbezeichnung „Roman“ – und stößt auf höchst unterschiedliche Reaktionen.

Inhaltsangabe

Irrungen, Wirrungen	
1. Kapitel (S. 5–8)	Frau Dörr besucht Frau Nimptsch. Sie unterhalten sich über die Beziehung zwischen Frau Nimptschs Pflegetochter Lene und dem adeligen Botho. Aufgrund ihrer Erfahrungen sagt Frau Dörr dieser Beziehung ein rasches Ende voraus.
2. Kapitel (S. 9–13)	Herr Dörr befindet sich in seiner Gärtnerei und arbeitet. Er lässt seinen Hund Sultan vergeblich Jagd auf den Hund des Nachbarn machen, dessen Gebell ihn stört.
3. Kapitel (S. 13–20)	Frau Dörr und Lene unterhalten sich. Frau Dörr klagt über den Geiz ihres Mannes und fragt Lene nach Botho. Lene berichtet, dass sie ihn bei einem Bootsausflug kennengelernt hat und sie sich seitdem treffen. Sie setze aber keine Hoffnungen in diese Beziehung.
4. Kapitel (S. 21–30)	Botho besucht Lene zu Hause, wo sich auch Frau Nimptsch, Frau Dörr und ihr Mann sowie dessen Sohn aufhalten. Um der Runde einen Eindruck davon zu vermitteln, wie der Adel kommuniziert, parodiert Botho ein adeliges Tischgespräch. Sie tanzen zu einer durch das Fenster dringenden Musik.
5. Kapitel (S. 30–35)	Botho und Lene machen einen Spaziergang. Botho berichtet über seine Mutter, die in Sorge um ihn sei. Lene weiß, dass Bothos Mutter bereits eine zukünftige adelige Ehefrau für ihn ausgesucht hat. Lene fühlt sich von Botho geliebt, glaubt aber, dass er sich einer standesgemäßen Heirat nicht entziehen wird.
6. Kapitel (S. 35-40)	Botho erhält zwei Briefe: In dem einen verlangt sein Onkel ein Gespräch. In dem anderen äußert Lene ihren Unmut darüber, dass sie einander mehrere Tage nicht gesehen haben. Sie gibt zu, Botho beobachtet zu haben, wie er mit zwei adeligen Frauen gesprochen hat, und zeigt sich voller Eifersucht. Botho ist entzückt über ihre Rechtschreibfehler.

7. Kapitel (S. 40–48)	Botho fordert seinen Kameraden Wedell auf, ihn zum Essen mit dem Onkel zu begleiten. Der Onkel kommt auf Käthe von Sellenthin zu sprechen, deren Verlobung mit Botho durch die Eltern vereinbart worden ist. Der Onkel erinnert Botho an dessen schlechte finanzielle Lage und drängt ihn, durch die standesgemäße Heirat mit der vermögenden Käthe alle Sorgen der Familie zu beseitigen.
8. Kapitel (S. 49–54)	Wedell trifft auf Bothos Freunde Serge und Pitt. Er berichtet von der geplanten Hochzeit zwischen Botho und Käthe. Sie sprechen über Bothos finanzielle Lage und sind sich alle einig, dass er einer standesgemäßen Heirat zustimmen wird.
9. Kapitel (S. 54–60)	Botho und Lene unternehmen mit Frau Dörr einen Spaziergang. Sie vertreiben sich die Zeit mit einer Wette und einem Fangspiel.
10. Kapitel (S. 60–66)	Botho klärt Lene über seine Freunde auf. Frau Nimptsch spricht über das Gefühl des nahenden Todes und wünscht sich einen Kranz für ihr Grab, was Botho ihr zusichert.
11. Kapitel (S. 66–73)	Botho und Lene reisen zu „Hankels Ablage“. Lene pflückt für Botho Blumen und weigert sich, den Strauß mit einem ihrer Haare zusammenzubinden, da sie an die Redensart „Haar bindet“ glaubt. Auf Bothos Bitte hin tut sie es doch.
12. Kapitel (S. 73–81)	Lene zieht sich zurück, während Botho zu Abend isst. Er unterhält sich mit dem Wirt. Als er auf das Zimmer zurückkehrt, fühlt sich Lene besser.
13. Kapitel (S. 81–93)	Glücklich spazieren die beiden am Morgen die Spree entlang. Sie werden in ihrer Idylle gestört, da Bothos Freunde Pitt, Serge und Balafré mit ihren Geliebten auftauchen. Während die Männer Karten spielen, machen die Frauen einen Spaziergang. Isabeau erzählt Lene, dass sie das adelige Leben als leer empfindet, und warnt sie davor, zu viele Emotionen in die Beziehung zu Botho zu stecken.
14. Kapitel (S. 93–102)	Missmutig treten Botho und Lene die Heimreise an. Lene äußert ihr Gefühl, dass ihre Beziehung bald vorbei sei. In einem Brief fordert Bothos Mutter ihn auf, der Heirat mit Käthe zuzustimmen. Botho reitet mit seinem Pferd aus. Er liebt Lene, kann aber nicht gegen die Konventionen seines Standes handeln. So entschließt er sich, Käthe zu heiraten.

15. Kapitel (S. 103–107)	Botho sendet einen Brief an Lene, in dem er die Trennung ankündigt. Bei einem Treffen reden sie über ihre glückliche Vergangenheit. Weil Lene das Ende vorhergesehen hat, trifft sie die Trennung weniger hart. Sie macht Botho keine Vorwürfe und betont den Wert der Erinnerungen. Sie küssen sich und verabschieden sich endgültig voneinander.
16. Kapitel (S. 107–115)	Botho und Käthe heiraten. Auf der Hochzeitsreise nach Dresden bemerkt Botho, dass seine Frau ein fröhliches Gemüt, aber kein Interesse an ernsten Gesprächen hat. In Berlin begegnet Lene Botho und Käthe, wird von diesen aber nicht bemerkt. Sie erleidet einen Schwächeanfall.
17. Kapitel (S. 116–124)	Zweieinhalb Jahre später bleibt das Paar Rienäcker kinderlos. Botho denkt an Lene, da ihm seine eigene Frau zu oberflächlich ist. Lene ist mit Frau Nimptsch in eine kleine Wohnung umgezogen. Ihr Nachbar Gideon Franke äußert sein Interesse, Lene zu heiraten. Frau Nimptsch macht sich Sorgen, dass Lenes Vorleben diesen abschrecken könnte.
18. Kapitel (S. 125–131)	Käthe soll sich einer Kur unterziehen, um ihre Chancen auf eine Schwangerschaft zu steigern. Vor ihrer Abreise findet ein Essen unter Freunden statt, bei dem sich Botho für die Schwatzhaftigkeit seiner Frau schämt.
19. Kapitel (S. 131–136)	Lene sitzt am Bett der sehr kranken Frau Nimptsch. Lene hat in die Heirat mit Gideon Franke eingewilligt. Als sie ihm von Botho erzählt, ist er schockiert. Frau Nimptschs Zustand verschlechtert sich. Lene holt einen Arzt. Als sie zurückkommt, ist diese bereits verstorben.
20. Kapitel (S. 136–146)	Botho erhält Briefe von Käthe, in denen sie über ihre Kur berichtet. Franke bleibt dabei, Lene heiraten zu wollen, besucht aber Botho, um von ihm mehr über sie zu erfahren. Botho erkennt in Franke einen anständigen Mann und ist voll des Lobes für Lene. Franke ist beruhigt.
21. Kapitel (S. 147–154)	Botho macht sich auf den Weg, für das Grab der verstorbenen Frau Nimptsch den Kranz zu besorgen. Er sammelt während der Fahrt zum Friedhof Eindrücke der an ihm vorbeiziehenden Großstadt.
22. Kapitel (S. 154–158)	Botho legt den Kranz an Frau Nimptschs Grab nieder. In seiner Wohnung hängt er Erinnerungen an Lene nach. Er verbrennt ihre Briefe samt dem Blumenstrauß im Kamin in der Hoffnung, von den Erinnerungen loszukommen.

23. Kapitel (S. 158–166)	Botho trifft seinen Kameraden Rexin. Dieser ist in einer Beziehung mit einer nicht-adeligen Frau und fragt Botho um Rat. Botho bekräftigt, dass eine solche Beziehung unmöglich sei und Rexin sie beenden solle. Nur eine standesgemäße Ehe gewährleiste Ordnung.
24. Kapitel (S. 167–171)	Käthe kehrt unverändert zurück und hat weiterhin kein Verlangen nach Kindern mit Botho, was diesen kränkt. Sie nimmt ihn mit ihrem sonnigen Gemüt wieder für sich ein.
25. Kapitel (S. 171–176)	Käthe erzählt von einer männlichen Bekanntschaft während ihres Kuraufenthalts und fordert Botho auf, bei Gesprächen lockerer und toleranter zu werden.
26. Kapitel (S. 176–180)	Käthe entdeckt die Asche der verbrannten Briefe Lenes und gibt sich gelassen. Drei Wochen später heiraten Franke und Lene. Beobachter lästern über das ungleiche Paar. Käthe liest ihre Heiratsanzeige und amüsiert sich über deren komisch klingende Namen. Botho entgegnet daraufhin doppeldeutig, Gideon sei besser als Botho.

1. Kapitel

Die beiden Hauptpersonen, Lene und der Baron, treten zwar im ersten Kapitel nicht auf, dennoch stehen sie und ihre Beziehung im Mittelpunkt. Lenes Pflegemutter Frau Nimptsch bekommt Besuch von der Nachbarin Frau Dörr, und in deren scheinbar harmlosen Geplauder deutet sich der Grundkonflikt des Romans, die soziale Differenz, bereits an. Die beiden Liebenden haben sich auf einem Spaziergang befunden und werden von Frau Dörr beobachtet, wie sie sich am Gartentörchen verabschieden. Frau Nimptsch scheint der Umgang ihrer Tochter nicht recht zu sein; sie fühlt sich von ihr „in Stich gelassen" (S. 6) und glaubt, Lene bilde sich „was ein" (S. 7). Die Nachbarin, die ihrerseits früher ein Verhältnis mit einem Grafen hatte, vermag ebenfalls nicht an die Ernsthaftigkeit der Absichten des adligen Liebhabers zu glauben und bedauert Lene jetzt schon.

2. Kapitel

Die Gärtnerei des Herrn Dörr wird genauer beschrieben. Dieser ist mit seiner natürlichen und direkten Art ein Berliner „Original" (S. 10). Frau Dörr ist bereits seine zweite Ehefrau. Wütend macht er mit seinem Hund Sultan vergeblich Jagd auf den Nachbarshund, der die Hühner des Herrn Dörr aufgescheucht hat.

3. Kapitel

Lene und Frau Dörr unterhalten sich am offenen Fenster miteinander, während beide arbeiten. Den mit einiger Impertinenz und Neugier vorgetragenen Fragen der Frau Dörr begegnet sie gelassen. Sie schildert, wie sie den Baron kennengelernt hat: Dieser hat sie, zusammen mit einer Freundin und deren Bruder, aus einer gefährlichen Situation während einer Bootsfahrt gerettet und kommt seitdem öfters zu Besuch. Sie lässt keinen Zweifel daran, dass sie sich zwar verliebt hat, aber keine unrealistischen Erwartungen hegt: „Wenn ich einen liebe, dann lieb ich ihn. Und das ist mir genug“ (S. 20), so reagiert sie mit einem Lachen auf die vorgebrachte Spitze der Frau Dörr, schlimm sei „bloß das Einbilden“ (S. 19). Ein Brief Bothos trifft ein, in dem er das geplante Treffen mit Lene auf den anderen Tag verschiebt.

In der kleinen Runde ist Botho ausgelassen und lustig. Aufführung am FWT Köln (2006)

4. Kapitel

Der oft genannte und herbeigesehnte Botho besucht anderntags die kleine Gemeinschaft. Bemerkenswert an der Szene ist, wie unbefangen und anscheinend frei von jedem Standesdünkel der Baron die Situation gestaltet. Die Anrede „Mutterchen“ für Frau Nimptsch, verbunden mit aufrichtigen Komplimenten, sowie die Freundlichkeit, mit der er die Familie Dörr begrüßt, zeigen seine offene Herzlichkeit, auch wenn diese teilweise dem Umstand geschuldet zu sein scheint, dass er beim Kommen bereits „angeheitert“, also angetrunken, ist. Es ist glaubwürdig, wenn er sagt, er habe sich „den ganzen Tag auf diese Stunde gefreut“ (S. 23), und die Gesellschaft, die er gerade verlassen hat, erscheint in seiner parodierenden Erzählung als eine Ansammlung von Angehörigen des gehobenen Standes, die sich in oberflächlicher Konversation ergehen. Insofern bietet ihm die kleinbürgerliche Idylle – man amüsiert sich über die in Knallbonbons zum Vorschein kommenden Sinnsprüche, man tanzt sogar und trinkt Kirschwasser – trotz ihrer Schlichtheit einen geradezu wohltuenden Kontrast.

5. Kapitel

Der sich anschließende Abendspaziergang der beiden Liebenden findet in äußerlicher Harmonie statt; gerade diese Idyllik scheint bei Lene den Gedanken zu verfestigen, dass ihr Glück – wie ein Traum, „der sich doch nicht festhalten" lässt (S. 33) – nur ein vorübergehendes sein kann. Trotz der Proteste Bothos prophezeit sie das künftige Geschehen: Botho wird eines Tages „weggeflogen" sein. Sie sagt ihm auf den Kopf zu, dass er „schwach" sei und von stärkeren Kräften beherrscht werde; ob seine Mutter, das Gerede der Menschen oder die „Verhältnisse" (oder „vielleicht alles drei") dieses „Stärkre" sein werden, vermag sie jetzt noch nicht zu sagen. Jedenfalls ist sie sich sicher, dass die Standesunterschiede letztlich unüberwindlich sein werden. Nachdem sie ein Feuerwerk beobachtet haben und Lene ihren vergeblichen Wunsch ausgesprochen hat, sich öffentlich mit Botho präsentieren zu wollen, gehen die beiden zurück zum Haus von Frau Nimptsch.

6. Kapitel

Das folgende Kapitel zeigt den Baron, der erstmals mit vollem Namen genannt wird, in seiner Wohnung. Es wird angedeutet, dass die Einrichtung „seine Mittel ziemlich erheblich" übersteigt (S. 36). Die eingegangenen Briefe werden gebracht, darunter auch zwei private: der eine von seinem Onkel, dem Musterbild eines preußischen Offiziers, der seinen Besuch ankündigt – noch ahnt Botho dessen Absichten nicht –, der andere von Lene.

Sie vermisse ihn, schreibt sie, und sie habe ihn gesehen, als er auf dem Korso als stattlicher Reiter auf und ab ritt und die Bewunderung der Damen erregte. Ihre leise Eifersucht versucht sie hinter einem leichten Scherzton zu verstecken. Die Briefunterschrift „Deine Lene“ erzeugt in ihm widerstreitende Gefühle. Er kommentiert den Inhalt des Briefes nicht, wohl aber die, wie er findet, „reizenden“ Rechtschreibfehler (vgl. Kapitel „Charakterisierung der Hauptfiguren und Figurenkonstellation“). Seine anschließende Bemerkung verrät seine wahre Einstellung gegenüber Lene, denn er wünscht sich, der Ostermontag (an dem er Lene kennenlernte) wäre „dies Mal ausgefallen“. Der Satz „Arme Lene, was soll werden!“ (S. 39) macht deutlich, dass die Beziehung für ihn keine Zukunft hat. Dies trübt in der gegenwärtigen Situation seine gute Laune jedoch nicht.

7. Kapitel

Auf dem Weg zu dem Weinrestaurant, wo er sich mit dem Onkel treffen will, begegnet er seinem Kameraden Wedell, der sich ihm anschließt. Das Gespräch im Restaurant dreht sich zunächst oberflächlich um kulinarische, dann politische Themen. Schließlich rückt der alte Baron mit seinem eigentlichen Anliegen heraus: dass Botho, der in Geldschwierigkeiten steckt, sich endlich mit seiner jungen (und reichen) Cousine Käthe verheiraten soll, er sei ja „doch so gut wie gebunden“ (S. 47) – die Eltern hatten diese Verbindung schon verabredet, als die beiden noch Kinder waren. Der Onkel sagt dies auch aus der Sorge heraus, Botho könne „wohl gar mit einer kleinen Bourgeoise“ (S. 48) seine Zeit vergeuden.

8. Kapitel

Zwei Freunde Bothos, Serge und Pitt, befinden sich in einem Herrenclub, spielen Karten und unterhalten sich zwanglos. Wedell trifft ein und berichtet von seinem Treffen mit Botho und dessen Onkel und von den Plänen zu Bothos Heirat. Die Freunde wissen von dessen wirtschaftlichen Schwierigkeiten und kennen ebenso Käthe von Sellenthin, deren Reichtum Botho „retten" soll. Obwohl die Neigung ihres Freundes zu einem Mädchen niederen Standes bekannt ist, sind sie sich sicher, dass „die Verhältnisse" ihn letztlich „zwingen" werden, Käthe zu heiraten.

9. Kapitel

Botho, Lene und Frau Dörr machen einen Spaziergang über ein Feld und einen kleinen Hügel hinauf. Lene ist verlegen wegen der andauernden anzüglichen Bemerkungen von Frau Dörr. Lene gewinnt bei einer Rate-Wette und spielt mit Botho Fangen, in dessen Verlauf sie sich küssen. Auf dem Heimweg singen sie gemeinsam ein Lied.

10. Kapitel

Als sie in Frau Nimptschs Haus ankommen, beginnt ein Gespräch zwischen der Hausherrin und Botho. Frau Nimptsch gibt zu, sich nach dem Tod zu sehnen, und äußert ihre Angst, keinen Grabeskranz zu erhalten. Botho sichert ihr zu, ihr auf jeden Fall einen solchen zu schenken, was Frau Nimptsch erfreut. Lene stellt Botho Fragen nach seinem Freundeskreis und den Damen, die sich mit Botho auf dem Korso unterhielten. Frau Dörr tritt herein und unterbricht das Geschehen. Gemeinsam planen sie, demnächst einen längeren Ausflug zu machen.

11. Kapitel

Lene und Botho unternehmen diese Reise, allerdings ohne Frau Dörr. Ziel ist „Hankels Ablage", ein ehemaliges, zum Gasthof umgebautes Fischerhaus an der Spree. Lene ist glücklich, den Geliebten ganz für sich zu haben, wenngleich sie mit kleinen Sticheleien immer wieder das mögliche Ende ihrer Beziehung andeutet. Nachdem sie ein Zimmer für die Nacht angemietet haben, unternehmen sie eine Bootsfahrt auf der Spree. Auf einer Wiese machen sie Rast, pflücken Blumen, die Lene auf Geheiß Bothos in Ermangelung einer Binse mit einem Haar aus ihrem Scheitel zusammenbindet (vgl. „Interpretation von Schlüsselstellen“).

12. Kapitel

Wieder im Fischerhaus angekommen, zieht sich Lene wegen Unwohlseins in ihr Zimmer zurück. Dort wird ihr beim Anblick einiger mit englischen und französischen Unterschriften versehenen Lithographien schmerzlich ihre mangelhafte Bildung und somit erneut die „Kluft“ zwischen ihrem und Bothos Stand bewusst. Botho unterhält sich mit dem Wirt und ihm wird klar, dass das einfache Leben auf dem Land eine Illusion und „kein Glück [...] vollkommen [ist]“ (S. 78). Als er zurück auf ihr Zimmer kommt, wartet Lene bereits sehnlichst auf ihn. Der Blick aus dem Fenster auf die mondbeschienene Landschaft stimmt Lene wieder glücklich.

13. Kapitel

Am nächsten Tag wollen sie nach einem idyllischen Morgenspaziergang per Segelboot eine Halbtagstour unternehmen. Aber noch bevor sie sich aufs Boot begeben können, sind unerwartete Gäste eingetroffen, nämlich Bothos Salonfreunde mit ihren Damen. Obwohl Botho die „Störung ihrer Einsamkeit“ zunächst als lästig empfindet, macht er deren Spiel, „sich rasch hineinfindend“, mit: Die Freunde reden sich mit ihren „Necknamen“ an, die Damen haben Rollenbezeichnungen aus Schillers Tragödie *Die Jungfrau von Orleans,* und Botho gibt sofort auch Lene einen solchen Namen, nämlich „Agnes Sorel“ (vgl. Kapitel „Theatermetaphorik“). Schnell wird klar, dass die Begleiterinnen mit der „ihnen unbekannten und sichtlich unbequemen Agnes Sorel“ (S. 85) nichts anfangen können. Im Folgenden entspinnt sich ein von Oberflächlichkeit, Halbwissen und „Anzüglichkeiten“ (S. 87) geprägtes Geplauder, in dem die älteste (und „wohlarrondierte“, d. h. dickste) der Damen, die Königin Isabeau genannt wird, das Wort führt. Die Herren ziehen sich zu einem „Jeu“ (Spiel) zurück; die Damen „promenieren“. Es werden versteckte Feindseligkeiten der Begleiterinnen untereinander deutlich, auch sind die Damen sich ihrer Rollen als bloße Anhängsel wohl bewusst. Isabeau warnt Agnes Sorel, also Lene, davor, das Ganze ernst zu nehmen – sie selbst hat einen Plan für ihr künftiges Leben, das kleinbürgerliche „Ordnung und Anständigkeit“ vorsieht (S. 91).

Die ungebetenen Gäste stören Bothos und Lenes Paradies auf „Hankels Ablage“. Aufführung in der „Katakombe“ Frankfurt (2012)

14. Kapitel

Nach der Verabschiedung der Kameraden und ihrer Begleiterinnen will bei Botho und Lene keine rechte Stimmung mehr aufkommen; auf der langen Rückfahrt führen sie eine „schreckliche Zwangsunterhaltung“ (S. 94). Der Ausflug, von dem sie sich so viel versprochen hatten, endet somit in einer „Mischung von Verstimmung, Müdigkeit und Abspannung“ (S. 94). Lene ist sich nun sicher, von jetzt an unglücklich zu sein – Botho will davon zwar nichts wissen, aber seine Reaktion („Lass es, Lene“ – „Wie du nur sprichst“) zeigt, dass er ihr innerlich recht gibt.

Am nächsten Morgen erhält er einen Brief seiner Mutter, schon bevor er ihn überhaupt öffnet, glaubt er nicht nur den Inhalt zu kennen, sondern auch die darin beschworenen Konsequenzen. Dies zeigt sein Seufzer: „Arme Lene.“ (S. 96) Denn der Brief bringt unmissverständlich den Wunsch der Mutter zum Ausdruck, der Sohn möge, wie schon mit dem Onkel besprochen, aufgrund der maroden Familienfinanzen die vermögende Käthe von Sellenthin heiraten und die Entscheidung nicht länger hinauszögern. Beide Familien hatten schon seit Längerem diese Verbindung verabredet.

Botho, der sich nach der Lektüre in „großer Erregung“ befindet, reitet aus, um seine Gedanken zu ordnen, und verfällt in einen Monolog. Er glaubt zwar nach wie vor, Lene zu lieben, spricht aber bereits von ihr in der Vergangenheitsform: „Alles, was ich wollte, war ein verschwiegenes Glück …“ (S. 100) Er denkt über ihre Vorzüge nach und stellt sie gedanklich dem „Unwahre[n], Geschraubte[n], Zurechtgemachte[n]“ seines Lebens gegenüber. Als sein Pferd, das er kaum noch im Zügel hatte, an einem Grab stehen bleibt, hält er dies für ein „Zeichen“ (vgl. Kapitel „Aberglauben“), denn der hier Begrabene, der frühere Polizeipräsident von Berlin, war in einem illegalen Duell gefallen, auf das er sich aufgrund einer veralteten „Adelsvorstellung“ eingelassen hatte. Die zufällig hervorgerufene Erinnerung an diesen hohen Staatsbeamten deutet Botho in dem Sinne, „dass das Herkommen unser Tun bestimmt“ (S. 102). Damit verabschiedet er sich von seinem „Traum“, aus seinem Stand auszubrechen und mit Lene eine Verbindung einzugehen. Die sich anschließende Szene mit den „glücklichen Menschen“ vor dem Walzwerk (vgl. Kapitel „Die Arbeitswelt“) bestärkt ihn sogar in seinem Entschluss: Er sieht sein Leben in **Unordnung**, unterstellt also Lene, die immer „für Arbeit und Ordnung“ sei, sie werde ihn schon verstehen, wenn er auch seine Existenz in Ordnung bringen wolle, nach der Devise: „Ordnung ist Ehe.“ (S. 102) Gemeint ist eine **standesgemäße Ehe**.

15. Kapitel

Botho verabschiedet sich am übernächsten Tag von Lene und Frau Nimptsch. Lene ist gefasst – hat sie doch dieses Ende vorausgesehen. Während eines letzten Spaziergangs spricht sie Botho von aller Schuld frei und macht ihm insofern die Trennung leicht. Sie betont, dass die Erinnerung an ihre schöne Zeit bestehen bleiben werde. Nach einem letzten Kuss am Gartentor tritt Botho den Heimweg an.

Die Kluft scheint unüberwindlich, die Erinnerung bleibt. Aufführung in Frankfurt 2012

16. Kapitel

Schon wenige Monate später findet die Hochzeit statt, und Botho und Käthe begeben sich auf Hochzeitsreise. Botho bemerkt, dass seine Frau zwar eine liebenswerte Frohnatur ist, aber leider keinerlei Interesse an ernsten Gesprächen hat, sondern oberflächliche Plaudereien bevorzugt. In ihrer Abwesenheit wird die von der Mutter Käthes eingerichtete Wohnung fertig – sie liegt unweit des Wohnortes von Lene. Dies führt dazu, dass Lene bei einer Besorgung in der Stadt dem jungen Paar begegnet, ohne allerdings von diesem bemerkt zu werden. Dieses Aufeinandertreffen erschüttert sie so, dass sie einer Ohnmacht nahe ist. Zu Hause angekommen, wird sie von den Bewohnern der Gärtnerei, die mit feinem Gespür die Ursache des Unwohlseins erahnen, liebevoll gepflegt.

Die Kölner Inszenierung (2006) macht durch den Einsatz von Licht und Schatten die Gemütslage der Figuren deutlich.

17. Kapitel

Die Handlung setzt zweieinhalb Jahre später wieder ein. Es habe sich „manches [...] verändert", sagt der Erzähler (S. 116). Allerdings gilt dies für Käthe und Botho gerade nicht: Käthe, die es nicht bedauert, dass sich kein Nachwuchs einstellen will, bleibt sich in ihrer fröhlichen, wenn auch oberflächlichen Natur immer gleich, was Botho zwar zu schätzen weiß, ihn aber doch gelegentlich zu einem Vergleich mit Lene veranlasst. Käthe erklärt, dass sie von der früheren Beziehung Bothos zu Lene nichts wissen wolle, da sie dies eifersüchtig machen würde. Bei Lene hat sich dagegen eine äußerliche Veränderung vollzogen, da sie auf einem Umzug in eine neue Wohnung bestand, um weitere Begegnungen mit Botho unbedingt zu vermeiden. Der nebenan wohnende Mieter, „ein feiner un[d] anständiger Mann" namens Gideon Franke, wird, obwohl er befremdlicherweise ein „Konventikler", also ein Sektierer, ist, ein gern gesehener Gast, jedenfalls für Frau Nimptsch, die er bald für sich einzunehmen weiß. Es deutet sich an, dass Frau Nimptsch sich den älteren, weit gereisten Fabrikmeister Franke durchaus als Mann für ihre Pflegetochter vorstellen kann; sie befürchtet allerdings, dass die aufrichtige Lene ihm von ihrer Beziehung zu Botho erzählen und ihn dadurch möglicherweise abschrecken könne.

18. Kapitel

Käthe bereitet sich derweil auf Anraten der Mutter sowie der Schwiegermutter, die beide darüber besorgt sind, dass sie immer noch nicht schwanger ist, auf einen Kuraufenthalt vor, obwohl sie eigentlich selbst nicht das Bedürfnis danach hat. Vor ihrer Abreise findet ein Treffen mit Freunden statt, bei dem Käthe ausführlich von ihren Vorstellungen bezüglich des Kuraufenthalts erzählt. Botho schweigt missgelaunt, da er seine Frau für zu geschwätzig und oberflächlich hält. Sein Freund Balafré hingegen findet Käthe bezaubernd und flirtet ein wenig mit ihr.

19. Kapitel

Das folgende Kapitel beginnt zunächst mit Käthes Abreise; dann schwenkt die Handlung hinüber zu der Wohnung von Lene. Frau Nimptsch liegt im Sterben; ihr ist es sichtlich ein Bedürfnis, Lene versorgt zu wissen, und sie hört zu ihrer Zufriedenheit, dass Lene Gideon Franke zum Ehemann „nehmen wolle". Sie ist aber zugleich beunruhigt, weil Lene berichtet, ihm tatsächlich von ihren früheren „Verhältnissen" erzählt zu haben. Als sich Frau Nimptschs Zustand verschlechtert, ruft Lene Frau Dörr herbei, während sie selbst davoneilt, um einen Arzt zu holen. Als sie zurückkehrt, ist Frau Nimptsch bereits verstorben.

20. Kapitel

Käthe schickt Karten und Briefe nach Hause – zunächst sehr häufig, dann immer seltener, durchaus in munterem Ton, aber immer mit „denselben Versicherungen", die Botho in einer Mischung aus Amüsement und leichter Verstimmung gelegentlich als „bloßes Gesellschaftsecho" wahrnimmt (S. 139).

Ein überraschender Besuch meldet sich bei Botho an: Gideon Franke. Ihm hat Lene, wie erwartet, von ihrem früheren „Verhältnis" berichtet, nun will er von Botho wissen, „was es mit der Lene eigentlich sei" (S. 142). Botho ist zunächst irritiert und fassungslos, als er von den Heiratsplänen von Herrn Franke und Lene erfährt, spürt aber bald die ehrbaren Absichten seines Besuchers. So kann er offen über seine Beziehung zu Lene und die „allerglücklichste[n] Tage" mit ihr sprechen. Dieser Bericht, der Lene in ein sehr günstiges Licht stellt, endet mit der Versicherung, Gideon kriege „da eine selten gute Frau" (S. 144). Der Besucher holt anschließend zu einer „feierlichen Ansprache" aus, in der er seine verwunderlichen Auffassungen von Wahrheit, Zuverlässigkeit und Ehe bekundet. Bei der Verabschiedung erfährt Botho vom Tod der Frau Nimptsch.

21. Kapitel

Botho erinnert sich an sein seinerzeit gegebenes Versprechen, Lenes Pflegemutter einen Immortellenkranz aufs Grab zu legen. Er macht sich trotz der Mittagshitze auf den Weg zum Friedhof. Während der Fahrt dorthin plaudert er locker mit dem Droschkenfahrer, kauft einen passenden Kranz und nimmt neugierig die Eindrücke der an ihm vorbeiziehenden Großstadt in sich auf.

22. Kapitel

Am Friedhof angekommen, sieht er, dass bereits ein solcher Kranz auf dem Grab liegt, offensichtlich von Lene. Noch auf dem Nachhauseweg und erst recht wieder in seiner Wohnung hängt er den alten Erinnerungen nach. Die glücklichen Tage mit Lene, insbesondere der Ausflug nach „Hankels Ablage", stehen ihm vor Augen. Ihre Briefe und jenen Blumenstrauß, von ihrem Haar zusammengebunden, hat er aufbewahrt. Jetzt aber, um sein „bisschen Glück und [s]einen Ehefrieden" zu wahren (S. 157), beschließt er, sich von diesen „toten Dinge[n]" zu trennen. Er liest noch einmal jenen Brief Lenes durch, der ihn seinerzeit – trotz der Verstöße gegen die Orthografie – wegen ihres „Charakter[s] und Tiefe des Gemüts" (S. 158) so entzückt hat. Schließlich verbrennt er diesen und auch die anderen Briefe sowie das vertrocknete Sträußchen, wenngleich ihm klar wird, dass er sich von der Vergangenheit nicht lösen kann (vgl. Kapitel „Interpretation von Schlüsselstellen").

23. Kapitel

Bei einem Ausritt – der ihn an die über drei Jahre zurückliegende Situation erinnert, als er beschloss, sich von Lene zu trennen, – begegnet Botho einem Regimentskameraden, der ihn um Rat fragt: Er befindet sich in der gleichen Lage wie Botho damals, also zwischen zwei Frauen, einer Adligen sowie einer jungen Frau niederer Herkunft. Diese wird mit ähnlichen Charakteristika beschrieben, wie sie auch Botho für Lene gefunden hatte: „Natürlichkeit, Schlichtheit und wirkliche Liebe." (S. 164) Der Kamerad plant, einen „Mittelkurs" zu wählen, das heißt, mit diesem Mädchen ohne „Legalisierung" zusammenzuleben – was einen Bruch mit seiner Familie und seiner Herkunft zur Folge hätte. Botho rät ihm in aller Ernsthaftigkeit von einem solchen Weg ab, er glaubt mit Sicherheit sagen zu können, dass ein solcher Mittelkurs scheitern müsse. Er selbst hat ja ein dauerhaftes Verhältnis mit Lene nie ernsthaft erwogen, weil er sich der Standesschranken nicht nur bewusst war, sondern sie auch als bindend angesehen hat (vgl. Kapitel „Der Standesunterschied“). Die Frage bleibt allerdings offen, ob der Kamerad den Rat annimmt – oder ob er nicht doch, im Gegensatz zu Botho, den Mut aufbringt, seinem Herzen zu folgen.

24. Kapitel

Käthe kehrt aus der Kur zurück und wird von Botho und dem Personal herzlich willkommen geheißen. Sie ist unverändert, was auch Botho feststellt, und plaudert munter von ihrer Zeit im Kurort und den dortigen Begegnungen, die sie fast alle „komisch“ findet. Bothos Reaktion ist nicht eindeutig, sie schwankt „zwischen Glücklichsein und Anflug von Verstimmung“ (S. 168), aber ihre „liebenswürdige Koketterie“ siegt und er schließt sie freudig in seine Arme.

Botho weiß häufig nicht, ob er sich über Käthes kindlich-oberflächliche Art freuen oder ärgern soll. FWT Köln (2006)

25. Kapitel

Auf ihrem Balkon erzählt Käthe von ihren Erlebnissen während des Kuraufenthalts. Sie berichtet begeistert von einem Herren namens Armstrong, mit dem sie viele Unterhaltungen geführt hat. Botho verspricht ihr daraufhin, seine Gründlichkeit zugunsten einfachen und harmlosen Geplauders zurückzustellen (vgl. S. 174). Schließlich unternehmen sie gemeinsam einen Ausflug in den Schlosspark.

26. Kapitel

Am Abend entdeckt Käthe auf dem Kaminrost die Aschereste, der erschrockene Botho gesteht, es handle sich um verbrannte Liebesbriefe. Aber gerade das amüsiert Käthe, statt sie zu beunruhigen. Sie setzt die Aschereste in Flammen, um sie vollständig zu beseitigen.

Über die Trauung von Lene und Gideon wird lediglich aus der Perspektive einiger gehässiger Zuschauerinnen berichtet, die sich abfällig über das steife Aussehen des Bräutigams, den Altersunterschied zwischen den Brautleuten sowie über den fehlenden Kranz äußern. Diese Äußerlichkeiten scheinen für die Beobachterinnen darauf hinzuweisen, dass die Braut nicht jungfräulich in die Ehe geht. In der Schlussszene amüsiert sich Käthe über eine Heiratsanzeige in der Morgenzeitung; sie hat wiederum etwas außerordentlich „Komisches“ gefunden, nämlich die Namen „Nimptsch“ und „dann Gideon!“ (S. 180), was ihren verlegenen Mann veranlasst zu sagen, Gideon sei besser als Botho.

Textanalyse und Interpretation

1 Struktur und Textaufbau

Der Roman umfasst **26 Kapitel**, von denen einige noch weiter unterteilt sind. Die erzählte Zeit umfasst etwas **mehr als drei Jahre**; die Handlung setzt „Mitte der 70er Jahre" des **19. Jahrhunderts** in der „Woche nach Pfingsten" ein (S. 5). Allerdings wird das vorangegangene Geschehen ab dem zweiten Ostertag desselben Jahres, an dem Botho und Lene sich kennengelernt hatten, in der Rückschau nachgeliefert.

Diese historische Fotografie zeigt Berlin, wie Fontane es erlebt hat.

Am 29. Juni 1875 schreibt Bothos Mutter den Brief, der den Sohn zur Entscheidung herausfordert. Nach der Hochzeit von Botho und Käthe vergehen „[d]rittehalb Jahre" (S. 116); dieser zurückliegende Zeitraum wird mit der Bemerkung des Erzählers nachgeholt, es habe sich „manches in unserem Bekannten- und Freundeskreise verändert [...], nur nicht in dem in der Landgrafenstraße.“ (S. 116) Dies mag als ein deutlicher Hinweis darauf gelten, dass die Beziehung zwischen Botho und Käthe (sie „lachte nach wie vor“) sich nicht fortentwickelt. Lene dagegen hat auf einem Umzug bestanden, um einer Begegnung mit dem geliebten Mann aus dem Wege zu gehen. In der neuen Wohnung lernt sie den Nachbarn, Gideon Franke, kennen, der sich um sie bemüht. Mutter Nimptsch stirbt. Dies alles ereignet sich im Verlauf eines weiteren halben Jahres. Schließlich wird mit dem Satz „Nun war Juni 78“ wieder das Ehepaar Rienäcker in den Blick genommen und ein genaues Datum genannt, nämlich der 24. Juni, Johannistag, an dem Käthe, weil sie bisher kinderlos blieb, zur Kur fahren soll.[5] (vgl. S. 126)

Etwa in der Mitte des Romans **ändert sich der Erzählfluss**. Die erste Hälfte, also die Liebesgeschichte bis hin zu deren (absehbarem) Schluss, ist im Wesentlichen durchgängig erzählt; Lene und ihr Schicksal stehen im Vordergrund. Der zweite Teil (ab dem 16. Kapitel) gehört eher Botho und dessen Versuchen, die Vergangenheit zu bewältigen. Hier ist der Erzählgang öfters **durch die genannten Zeitsprünge fragmentiert**.[6]

Doppelungen/Wiederholungen

Ein bewusst eingesetztes erzählerisches Mittel sind **Doppelungen oder Wiederholungen** mit dem Ergebnis, dass das jeweils erste Vorkommnis durch das zweite **gespiegelt** wird. Es sind oft unscheinbare Textstellen, die aber durch die Wiederholung **Symbolkraft** erhalten. Hierfür einige Beispiele:

Bei seinem Besuch der „Schloss“-Bewohner (4. Kapitel) veranlasst Botho, als von draußen **Tanzmusik** hörbar wird, einen Gruppentanz; anschließend „walzt“ er mit Lene: Es ist dies ein Moment des Glücks, und Botho macht Lene Komplimente. Zweieinhalb Jahre später ergibt sich eine ähnliche Situation (17. Kapitel); wieder erklingt von außen Walzermusik, und diesmal ist es Käthe, die Botho, „ohne seine Zustimmung abzuwarten“, zum Tanz auffordert, um ihm anschließend zu gestehen, noch nie „so wundervoll“ getanzt zu haben. Sie nimmt zwar Bothos Verlegenheit wahr und vermutet auch richtig, dass er sich an „alte Geschichten“ erinnert, geht aber dann mit einem Scherz darüber hinweg. Der Erzähler kommentiert: „Solche Geschichten ereigneten sich häufiger und beschworen in Bothos Seele mit den alten Zeiten auch Lenens Bild herauf [...].“ (S. 118)

Aussagekräftig ist auch die folgende Doppelung. Auf einem Spaziergang mit Botho pflückt Lene eine **Erdbeere**; Botho „pflückte die Beere von ihrem Munde fort und umarmte sie und küsste sie“ (S. 32). Dieses Geschehen zeigt, in aller Unschuld, die **Liebeseinigkeit** der beiden. Auf einem ganz anderen Spaziergang, nämlich dem der „Königin Isabeau“ mit Lene, möchte Erstere, wenn sie denn eine besonders große Erdbeere fänden, diese ihrem Liebhaber Balafré in den Mund stecken: „[...] dann freut er sich. Denn Sie müssen wissen, er ist ein Mann wie'n Kind [...].“ (S. 91) Obwohl der Unterschied zwischen den beiden Vorgängen sehr deutlich hervortritt – hier handelt es sich um das routinierte Verhalten einer erfahrenen Liebesdienerin –, ist die Handlung als Symbol für Liebe vom Ergebnis her die gleiche: Beide Male zeigt sich, dass die jeweilige Verbindung, wenn auch aus völlig unterschiedlichen Gründen, aussichtslos ist.[7]

Eine deutliche **Spiegelung** von Vorgängen ergibt sich auch auf Bothos Weg zum Friedhof. Er ist ohnehin aufgewühlt durch die Erinnerung an die Idylle im Häuschen der Frau Nimptsch, und jetzt hört er auf dem Weg zwei Musikanten „**dasselbe Lied**“ singen, das sie, Botho und Lene, zusammen mit Frau Dörr „damals auf dem Wilmersdorfer Spaziergange so heiter und so glücklich gesungen hatten“ (S. 153; vgl. S. 60). Dieses Lied wird auch von Lene beim Abschied zitiert, die dann sagen kann: „Erinnerung ist viel, ist alles.“ (S. 105) Jetzt, angesichts des Todes der Frau Nimptsch und der damit verbundenen Gewissheit, dass nichts mehr so ist wie früher, erfasst Botho „ein Gefühl, unendlich süß und unendlich schmerzlich […]. Aber freilich das Schmerzliche wog vor […].“ (S. 153)

Ein wesentliches Strukturelement sind die **Briefe** – jeweils ist Botho der Empfänger; insofern interessiert besonders seine Reaktion. Schon Lenes Brief, in dem sie ihre Sorge wegen der „schönen Blondine“ mit leichter Eifersucht zum Ausdruck bringt, wird von ihm mit den „allerwiderstreitendste[n] Gefühle[n]“ gelesen: Zum einen findet er – trotz oder vielleicht gerade wegen der Rechtschreibfehler –, der Brief sei „wie Lene selber, gut, treu, zuverlässig“, zum anderen aber beschäftigt ihn die Erkenntnis, dass die Beziehung ein Fehler war und es besser gewesen wäre, der Ostermontag (der Tag des Kennenlernens) „wäre dies Mal ausgefallen“ (S. 39), gipfelnd in dem Ausruf: „Arme Lene, was soll werden!“ Dieses „[a]rme Lene“ wiederholt Botho wörtlich (vgl. S. 96), bevor er später den Brief seiner Mutter liest: Er weiß schon vor der Lektüre, was seine Mutter von ihm verlangen wird, nämlich das, was er schon anlässlich des Schreibens seines Onkels vermutet hatte. Unter dem Eindruck dieses Briefes reitet er aus und trifft dabei die endgültige Entscheidung.

Ganz anders ist seine Reaktion auf die **Karten**, die Käthe aus ihrer Kur schreibt. Ihre „kulturhistorischen Betrachtungen“ – die ja eigentlich nur oberflächliches Geplauder darstellen – amüsieren ihn zwar, ebenso ihre heiteren Bemerkungen über die anderen Kurgäste, aber: „[E]s fehlt etwas. Es ist alles so angeflogen, so bloßes Gesellschaftsecho.“ Er hofft, Käthe werde sich ändern, d. h. ernsthafter werden, „wenn sie Pflichten hat.“ (S. 139) Hier wird kein Bezug auf Lene genommen, der Vergleich mit deren Brief liegt jedoch auf der Hand.

Es ist nicht anzunehmen, dass Botho Käthes Briefkarten lange behält. Wohl aber hat er Lenes Briefe in einem Geheimfach aufbewahrt, und als er sie wieder hervorholt, um sie endgültig zu vernichten, kommt ihm eben jener Brief mit den orthografischen Mängeln vor Augen und erfüllt ihn mit **Rührung**. „Alles, was sie sagte, hatte Charakter und Tiefe des Gemüts", sagt er zu sich selbst, und dann, mit einem unausgesprochenen Vergleich der Schreiberinnen: „Arme Bildung, wie weit bleibst du dahinter zurück." (S. 158)

Besonders deutlich wird das Prinzip der Doppelung in den Kapiteln 14 und 23. Beide Male **reitet Botho aus**, um mit sich ins Reine zu kommen. Beim ersten Mal – nach Erhalt des Briefes seiner Mutter – ist er noch unentschlossen, wie er sich verhalten soll: Zwar liebt er Lene – was man ihm durchaus abnehmen darf. Ihre „Einfachheit, Wahrheit, Natürlichkeit" schätzt er weitaus höher ein als das „Unwahre, Geschraubte, Zurechtgemachte" seines „Salons". Er weiß aber zugleich, dass eine Entscheidung für Lene bedeuten würde, „die Welt [gemeint ist seine soziale Schicht] herauszufordern und ihr und ihren Vorurteilen öffentlich den Krieg zu erklären" (S. 100) – und dazu fühlt er sich zu schwach; ein solch „verschwiegenes Glück" bleibt für ihn ein „Traum". Insofern liefert der Anblick des zufällig gefundenen Grabes (er hält diese Begegnung für ein „Zeichen", vgl. Kapitel „Aberglauben") letztlich nur die Bestätigung für seinen Verzicht: Er ist jetzt überzeugt, „**dass das Herkommen unser Tun bestimmt**" (S. 102). Seine Entscheidung fällt er nicht ohne Selbstmitleid, im Grunde dürfte er aber erleichtert sein, denn an einen Ausschluss aus seiner Sphäre mag er nicht denken (vgl. S. 99). So kann er sich sogar als tragisches Opfer der Umstände sehen.

Drei Jahre später befindet er sich wieder auf einem Ausritt, und Fontane lässt keinen Zweifel daran, dass die Szene sich an die frühere anschließt, denn er lässt Botho sich an den Abschied von Lene erinnern, der „ihm so schwer ward und der **doch sein musste**" (S. 161 f.). In dieser Situation vermag er dem Kameraden Rexin, der sich ratsuchend an ihn wendet, nur von dessen Plänen abzuraten, sich auf Kosten eines Ausschlusses aus der Gesellschaft auf ein Zusammenleben mit einem Mädchen niederen Standes einzulassen.

In beiden Szenarien finden sich übrigens **mögliche Alternativen:** Botho hatte sich selbst – als Ausgestoßener – in einem Anflug von Sarkasmus als „Kunstreiter, Oberkellner und Croupier" gesehen, vielleicht sogar als Fremdenlegionär (S. 99), und auch Rexin spricht davon, dass er als Goldgräber am Sacramento sein Mädchen sofort heiraten würde (vgl. S. 164). Diese Lebensformen werden jedoch nicht ernsthaft in Erwägung gezogen, bleiben allenfalls ein Wunschbild.

Doppelungen und Wiederholungen

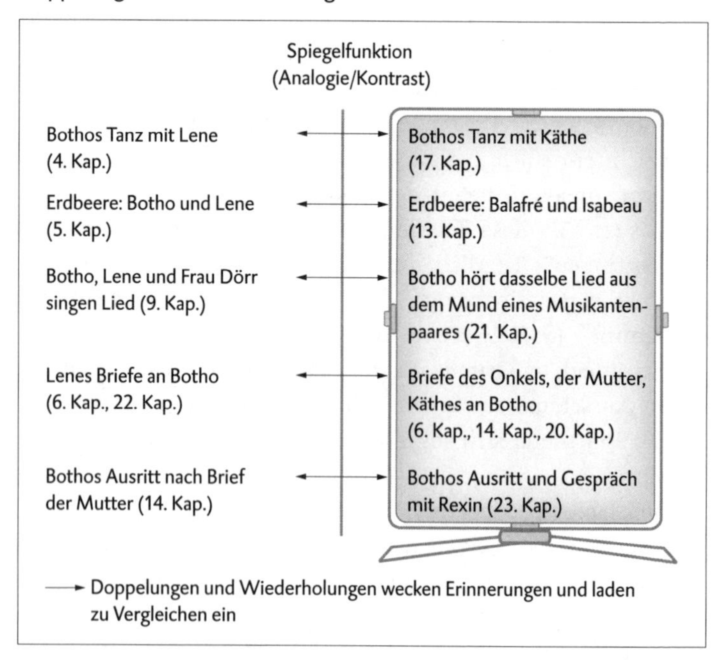

Zur Rolle der Exposition

Wenn vom **Textaufbau** die Rede ist, verdient das erste Kapitel besondere Beachtung. Seinem Freund Gustav Karpeles teilte Fontane 1880 brieflich mit: „Das erste Kapitel ist immer die Hauptsache [...]. Bei richtigem Aufbau muss in der ersten Seite der Keim des Ganzen stecken." (zitiert bei *EuD*, S. 8) Diesen Leitspruch befolgt er auch in *Irrungen, Wirrungen.*

Ähnlich der Exposition im Drama führt das erste Kapitel in das Geschehen ein. Es besteht aus zwei Teilen: einem kürzeren Beschreibungstext und einem längeren Erzählteil. Ort und Zeit des erzählten Geschehens werden sehr genau angegeben. Von der Örtlichkeit hat Fontane eine Skizze angefertigt. Diese Präzision entspricht seiner auch sonst üblichen Erzählweise, die ihn als der Epoche des **Realismus** zugehörig ausweist.

Fontanes Zeichnung der Gärtnerei

Inwiefern steckt nun im Anfang der „**Keim des Ganzen**"? Der Leser wird durch Andeutungen auf das Folgende aufmerksam gemacht und vorbereitet; zahlreiche Motive des Romans sind bereits angelegt: Auf die **soziale Kluft** zwischen Adel und Kleinbürgertum wird an mehreren Stellen angespielt. Da ist zum einen die humoristisch-ironische Rede vom „Schloss" („[...] ein Schloss is es und bleibt es. Hat ja 'nen Turm", S. 6), das sich als ein „jämmerlicher Holzkasten" (S. 9) herausstellt, sodann Frau Dörrs Charakterisierung ihres biederen Ehemanns, den sie einem Grafen vorgezogen hat, schließlich ihre Befürchtungen hinsichtlich Lenes, deren Scheitern sie voraussieht. Bezeichnenderweise endet ihr Bericht mit der Beschreibung, wie Lene und der Baron sich verabschieden. Somit wird das Thema **Trennung** schon vorbereitet.

2 Charakterisierung der Hauptfiguren und Figurenkonstellation

Es liegt nahe, in den Romanfiguren Theodor Fontanes typische Vertreter ihres Standes zu sehen: der leichtlebige Offizier, die kleinbürgerliche Arbeiterin, der Berliner oder die Berlinerin mit dem „Herzen auf dem rechten Fleck" usw. Gegen eine derartige Typisierung hat sich Fontane allerdings schroff ausgesprochen: „[...] erst das Individuelle bedingt unsere Teilnahme; **das Typische ist langweilig.**"[8] Somit ist es ratsam, die Figuren des Romans *Irrungen, Wirrungen* als **Individuen mit je eigenem Charakter** anzusehen, auch wenn sich bestimmte Eigenschaften wiederholen – gerade bei den Angehörigen des unteren Standes. Wichtig ist zudem, dass auch die Figuren, die lächerlich wirken, **niemals als bloße Karikaturen** anzusehen sind.

Die Charakterisierung der Hauptfiguren erfolgt auf unterschiedliche Weise. Da ist zum einen der **auktoriale (allwissende) Erzähler**, der die Gedanken und Gefühle der Figuren kennt („die sich über seinen Geiz beständig ärgernde Frau", S. 14; „Die junge Frau [...] hatte keine Ahnung von dem, was in ihres Gatten Seele vorging", S. 110); dann der **Erzähler als Beobachter** („[...] Frau Dörr [...], die, neben dem Eindruck des Gütigen und Zuverlässigen, zugleich den einer besonderen Beschränktheit machte", S. 6). Häufig sprechen die Figuren übereinander; dann haben wir es mit **subjektiven Eindrücken** zu tun, die von anderen Figuren (oder vom Erzähler) entweder bestätigt oder widerlegt werden (Pitt über Käthe: „She is rather a little silly", S. 131; der Erzähler: Sie übte „die Kunst des gefälligen Nichtssagens mit einer wahren Meisterschaft", S. 126; Botho: Ihn wandelt eine „Missstimmung" an, „darüber, dass mit Käthe wohl ein leidlich vernünftiges, aber durchaus kein ernstes Wort zu reden war. Sie war unterhaltlich [...], aber auch das Beste, was sie sagte, war oberflächlich und ‚spielrig' [...]", S. 116; vgl. dazu auch S. 128 f. und S. 161: „Sie dalbert […]“). Gelegentlich erlaubt diese **Außensicht** einen distanzierten Eindruck von dem Geschehen, etwa wenn die Zuschauerinnen bei Lenes Trauung über das Brautpaar sowie Frau Dörr lästern (vgl. S. 178 f.) oder wenn Bothos Kameraden sich teilweise begeistert, teilweise abfällig über Käthe äußern (vgl. S. 52 f., S. 130 f.). Schließlich gibt es die Form der **Eigencharakterisierung**, meist als innerer Monolog und mithilfe rhetorischer Fragen vorgebracht: Hier wird es, sofern der Erzähler sich nicht kommentierend einmischt, dem Leser überlassen, dem Selbstbild zu folgen oder nicht (Botho: „Wer bin ich? Durchschnittsmensch […]“, S. 99; „Es liegt nicht in mir, die Welt herauszufordern […]“, S. 100).

Lene

Magdalene, genannt Lene, die Pflegetochter der alten Frau Nimptsch, „gehört ohne Frage zu den anziehendsten weiblichen Gestalten, die [Fontane] geschaffen hat“ (Aus einer zeitgenössischen Rezension, zitiert nach *EuD,* S. 88). Bevor sie selbst in Erscheinung tritt, erfahren wir einiges über sie im Gespräch zwischen ihrer Pflegemutter und der Nachbarin. Sie scheint sehr **hübsch** zu sein (vgl. S. 179), auch wenn der Vergleich, den die reichlich von sich überzeugte Frau Dörr zu ihrer eigenen Erscheinung in früheren Jahren zieht, nicht zugunsten Lenes ausfällt. Sie wird zudem als „propper und **fleißig**“ bezeichnet: Sie könne „alles und is für **Ordnung** un fürs Reelle“ (S. 8). Die Nachbarin befürchtet freilich, dass Lene gerade diese guten Eigenschaften zum Verhängnis werden könnten: „[…] so'n gutes Kind, das alles ernsthaft nimmt und alles aus Liebe tut, das ist schlimm …“ (ebd.)

Als Lene später erzählt, wie sie und der Baron sich kennengelernt haben, zeigen sich ihr **realistischer Sinn** und ihr **offenes Wesen**. Sie weiß wohl, dass es nicht immer recht sei, „gleich so frei weg zu sprechen“, aber „sich zieren und zimperlich tun“, sagt sie, „das hab ich nie gekonnt“ (S. 18 f.). Sie setzt sich lachend über den impliziten Vorwurf hinweg, sich etwas „einzubilden“, also sich schon als künftige Baronin zu sehen. Diese Befürchtung hatte schon die alte Frau Nimptsch gehegt: „Ich glaube, sie [...] bildet sich was ein.“ (S. 7) Lene gesteht, die Verbindung mit Botho als willkommene Abwechslung in der Einsamkeit „hier draußen“ zu empfinden („Gott, man freut sich doch, wenn man mal was erlebt“, S. 19), und sie genießt die Aufmerksamkeit und die Zuneigung, die er ihr schenkt, aber sie „will weiter gar nichts von ihm, nichts, gar nichts“ (S. 20). Sie ist in ihn verliebt und zählt die Stunden, bis er kommt, aber sie behauptet, das sei ihr „genug“. Es fällt jedoch auf, dass sie – wie eben das „nichts, gar nichts“ – auch diese Behauptung wiederholt, als müsse sie damit möglicherweise vorhandene innere Zweifel besiegen.

Lenes natürliche Art kommt auch in ihren Briefen zum Ausdruck. FWT Köln (2006)

Sie verfügt über eine **gute Beobachtungsgabe**, sodass sie zu treffenden Urteilen über andere Personen, aber auch über sich selbst kommt. Deshalb sieht sie auch ihre Beziehung zu Botho, von dem sie weiß, dass er „schwach“ ist (S. 34), ohne Illusion. Geradezu als ihr Lebensmotto mag gelten: „Man muss allem ehrlich ins Gesicht sehn und sich nichts weis machen lassen und vor allem sich selber nichts weis machen.“ (S. 35)

Eine indirekte Charakterisierung liefert **ihr Brief**, von dem Botho sagt, er sei „wie Lene selber, gut, treu, zuverlässig“. Überhaupt findet er, auch nach ihrer Trennung, stets positiv besetzte Kennzeichnungen für sie: „[...] Einfachheit, Wahrheit, Natürlichkeit. Das alles hat Lene, damit hat sie mir's angetan [...].“ (S. 100)

Solche Beurteilungen fallen ihm oft ein, wenn er sie mit Käthe vergleicht: „**Lene mit ihrer Einfachheit, Wahrheit und Unredensartlichkeit** stand ihm öfters vor der Seele [...]." (S. 117) Jener Brief war für Botho nicht nur wegen des Inhalts bemerkenswert, sondern auch wegen der Rechtschreibfehler. Diese verraten ihre mangelnde Schulbildung, die er jedoch nicht schulmeisterlich bekrittelt; er meint vielmehr, die Fehler machten den Brief „nur noch reizender" (S. 39). Als er später den Brief erneut liest, findet er die Handschrift „klar" und die orthografischen Mängel geradezu „liebenswürdig" – die „Bildung" (gemeint ist offensichtlich die standesgemäße Ausbildung der jungen Adligen) bleibe „weit [...] dahinter zurück" (S. 158). In Lenes Zeilen findet er auch einen Charakterzug, den er als „**schelmisch**" benennt. Diese Bezeichnung passt zu einer früheren des Erzählers, gemeint ist das „**Spitzige**": „[...] so fein sie fühlte, so verleugnete sie doch nie das an kleinen Spitzen Gefallen findende Berliner Kind." (S. 70) Der Leser dürfte mit Botho und dem Erzähler darin übereinstimmen, dass gerade diese kleinen Mängel Lenes Charme ausmachen.

Gegenüber Gideon charakterisiert Botho Lene mit den Worten: „[...] sie hat das Herz auf dem rechten Fleck und ein starkes **Gefühl für Pflicht und Recht und Ordnung**." (S. 144) Er verwendet damit die gleichen Worte, wie sie auch Lene über ihn fand, als sie kategorisch darauf bestand, in einen anderen Stadtteil zu ziehen, um ihm nicht mehr zu begegnen (17. Kapitel). Es fällt auf, dass dies das letzte Mal ist, dass sie vom Erzähler oder durch sich selbst charakterisiert wird, und zwar durch einen leidenschaftlichen Gefühlsausbruch, der sowohl ihre **Verletzlichkeit** als auch ihren **Großmut** verrät („Ich gönn ihm sein Glück, ja mehr noch, ich freue mich, dass er's hat", S. 119). In den späteren Kapiteln wird immer nur *über* sie geredet. Somit bleibt dem Leser das Bild einer jungen Frau vor Augen, die ihr Leben zwar mit jenem Gefühl für Pflicht und Ordnung bewältigt, einschließlich der Bindung an den etwas steifen Gideon, die aber **auf ihr Lebensglück verzichten** musste. Wie ein früher Rezensent des Romans bemerkte, ist sie somit Repräsentantin der Berliner ausgangs des 19. Jahrhunderts, die „entsagten, weil sie mußten, aber sie gingen nicht in den Brunnen, sondern lebten weiter ihrer Pflicht“ (*EuD,* S. 92).[9]

Botho

Bothos Herzlichkeit und Zuneigung sind echt. FWT Köln (2006)

Auch vom Baron Botho von Rienäcker ist mehrfach die Rede, bevor er endlich selbst auftritt. Die kleine Abendgesellschaft – Lene, ihre Pflegemutter und die Dörrs – begegnet ihm, dem sozial Überlegenen, mit gehörigem Respekt, den er aber nicht verlangt: Er scheint sehr bemüht, den Standesunterschied zu verwischen. Er zeigt sich immer **leutselig**, auch dem geistig behinderten Sohn der Dörrs gegenüber, bezeichnet den Vater Dörr als seinen „alten Freund und Gönner“ und für Frau Nimptsch hat er sogar das Kosewort „Mutterchen“. Diese **Herzlichkeit** ist, wenngleich in dieser Szene vom Alkohol beeinflusst, nicht gespielt. Ja, mit seiner Parodie auf die Tisch-Unterhaltung der adeligen „Clubs“ steht er **dem kleinbürgerlichen Umfeld näher** als seinem eigenen Stand. Allerdings macht er sich hier offensichtlich etwas vor. Es heißt über ihn, er habe „den hübschen Zug aller märkischen Edelleute, mit Personen aus dem Volke gern zu plaudern, lieber als mit ‚Gebildeten‘“ (S. 148). Mit seinem Personal geht er freundschaftlich um und auch Gideon begegnet er mit der „ihm eigenen chevaleresken Artigkeit“ (S. 141), aber das Bewusstsein der sozialen Differenz, ja Überlegenheit, ist nichtsdestoweniger stets gegeben.

Auch seine **Zuneigung zu Lene ist echt**. Allerdings scheint er sich anfangs keine Gedanken über den weiteren Fortgang zu machen. Diese **Gedankenlosigkeit** wird von Lene schon früh erkannt und auch als **Schwäche** benannt: Sie weiß, dass er sich trotz seines „gute[n] Herz[ens]" (S. 95), das sich dagegen sträube, das kommende Ende einzugestehen, gegen die „Verhältnisse" letztlich nicht wird durchsetzen können.

Er verfügt durchaus über die Gabe, sich **selbstkritisch** zu sehen. Er nennt sich selbst einen „Durchschnittsmensch[en] aus der sogenannten Obersphäre der Gesellschaft" (S. 99). Da er nichts Richtiges gelernt hat und seine **finanzielle Situation unerfreulich** ist, fügt er sich in das **fremdbestimmte Schicksal**, obwohl er Lene zu lieben glaubt. Allerdings gibt uns der Autor einen verräterischen Hinweis: Botho „gefiel sich darin, sich bittre Dinge zu sagen" (S. 99). Dies zeugt von einem **Anflug selbstgefälliger Ichbezogenheit**. Über die Gewissensbisse setzt er sich mit vorgetäuschter Logik hinweg – da er Lene nichts versprochen hat, braucht er sich ihr auch nicht verpflichtet zu fühlen. Missstimmungen überwindet er schnell, empfindet jedoch sehr deutlich seine Schwäche. Dies haben seine Kameraden Wedell und Pitt schon früh richtig eingeschätzt: Wedell erklärt den Freund zwar für „schwach und bestimmbar", aber er hält es durchaus für möglich, dass Botho, der „immer fürs Natürliche" war, die kleine Näherin heiratet; Pitt ist jedoch überzeugt, dass die „Verhältnisse" Botho dazu zwingen werden, sich zu „lösen", auch wenn es weh tut (S. 53 f.). Und tatsächlich fehlt es Botho an entscheidenden Stellen an **Kraft:** Er macht sich klar, dass seine Vermögensverhältnisse hoffnungslos sind und dass er aus eigener Kraft nicht aus der Situation herauskommen wird (vgl. S. 99). Also muss er sich dem Wunsch der Mutter, der eher einem Befehl gleichkommt, fügen und Lene mit seinem Entschluss konfrontieren. Aber auch hier ist er zunächst **nicht mutig genug**, ihr es ins Gesicht zu sagen, und wählt die Briefform.

Immerhin ist er charakterlich soweit gefestigt, sie dann doch aufzusuchen, wenngleich er erleichtert wahrnimmt, dass Lene sein Verhalten nicht für „Unrecht“ erklärt.

Wichtig ist für ihn das, was immer wieder mit dem Begriff „**Ordnung**“ versehen wird. Deshalb ist für ihn Ordnung eine Kategorie, die er an Lene und an den Leuten niederen Standes besonders schätzt (vgl. S. 102). Ja, er beneidet sogar die „glückliche[n] Menschen“ des Eisenwalzwerks; er sieht nur deren Fröhlichkeit während der Mittagspause und macht sich keine Vorstellung von der realen Arbeitssituation. Stattdessen kommt er zu einem verallgemeinernden Urteil: „Arbeit und täglich Brot und Ordnung“ hält er für einen „schöne[n] Zug im Leben unsres Volks“ und wird sich dessen gewahr, dass sein eigenes Leben gerade nicht „in der ‚Ordnung‘“ ist, denn: „**Ordnung ist Ehe.**“ (S. 102) Insofern steht ihm sein eigener Ordnungssinn im Weg, da er glaubt, eine Entscheidung für Lene würde ein Herausfallen aus eben der geordneten Welt seines Standes bedeuten, auch wenn er deren Hohlheit und „Redensartlichkeit“ wahrnimmt und im Grunde verabscheut. Noch nach dem Verbrennen der Briefe gibt es eine Situation, die ihn über „Ordnung“ räsonieren lässt: Als er glaubt, sein Personal wegen kleiner Ordnungsverstöße maßregeln zu müssen – nach außen als „donnernde[r] Zeus“, allerdings „mit einem Anfluge von Ironie“, also doch gutmütig –, wird er seines eigenen Zustandes als „aus [der] Ordnung“ bewusst und sagt sich: „Dass es war, das möchte gehn, aber dass es noch ist, das ist das Schlimme.“ (S. 159) Dies kann nur heißen: Sein Gemütszustand ist trotz der nach außen glücklichen Ehe eben immer noch nicht „in Ordnung“.

Sein unterschiedliches Verhalten in jeweils verschiedenem Umfeld zeigt seine **Anpassungs- und Wandlungsfähigkeit**, allerdings kann diese zunächst sympathisch wirkende Eigenschaft auch als **Schwäche**, als **Opportunismus**, ausgelegt werden. Dies wird insbesondere deutlich, als er sich zunächst durch das Hinzukommen seiner Kameraden in „Hankels Ablage" gestört fühlt, da die glückliche Zweisamkeit damit ein jähes Ende findet, aber sich „rasch [in die Situation] hineinfinde[t]" und Lene, die sich hier verloren vorkommen muss, „mit leichter Handbewegung" (S. 85) einen albernen Spitznamen verleiht, womit er sie aus seinem eigenen Kreis ausschließt.

Charakteristik Bothos

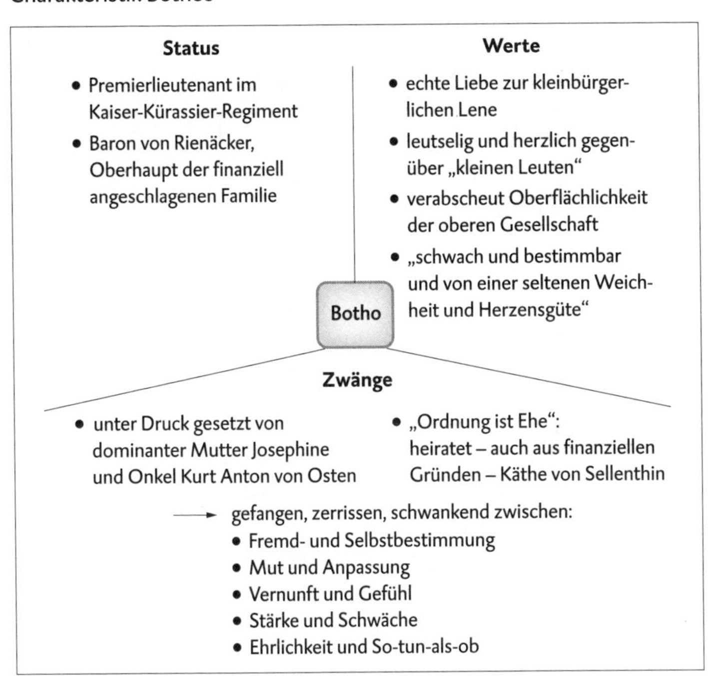

Botho wird schon früh im Roman **durch die Kameraden beurteilt**, und es zeigt sich, dass sie Recht haben. Zwar sagt der eine: „Rienäcker, der überhaupt in manchem seinen eignen Weg geht, war immer fürs Natürliche" (S. 53) und deutet damit die Möglichkeit an, dass Botho sich vielleicht über die Standesschranken hinwegsetzen könnte, um seine „Weißzeug-Dame" (d. h. Näherin) zu heiraten. Er sei aber auch „schwach und bestimmbar und von einer seltenen Weichheit und Herzensgüte." Gerade diese **Schwäche und Bestimmbarkeit** wird ihn, wie der andere voraussieht, letztlich dazu zwingen, sich den „Verhältnissen", d. h. den Gegebenheiten seines Standes, zu unterwerfen.

Käthe

Mit ihrem sonnigen Gemüt gewinnt Käthe die Menschen für sich. FWT Köln (2006)

„Ein Prachtstück aber ist Käthe, die [...] hübsche Frau des Helden, in ihrer gränzenlosen oberflächlichen Schwatzhaftigkeit [...], und dabei doch in ihrer Art liebenswürdig", so ein früher Rezensent (*EuD*, S. 89). Auch von ihr wird lange, bevor sie selbst auftritt, gesprochen. Der Onkel, der sie gerne mit Botho verheiraten möchte, spricht fast schwärmerisch von ihr (vgl. S. 47). Es sind dies die burschikosen Worte eines alten Draufgängers. Als erster Eindruck bleibt beim Leser hängen, dass es sich wohl um eine **lebenslustige, hübsche**, wenn auch vielleicht **oberflächliche junge Frau** handelt. Von einem Kameraden Bothos erfahren wir ferner, dass sie **reich** ist und schon als Vierzehnjährige „umkurt und umworben" worden sei – kein Wunder, war sie doch der „reizendste Backfisch", den man sich denken konnte, eine „**[w]undervolle Flachsblondine mit Vergissmeinnicht-Augen**" (S. 52 f.). Von einer „Flachsblondine" hatte auch der Onkel gesprochen, und die Wiederholung würdigt sie gewissermaßen zu einem „Objekt fachmännischer Betrachtung" herab.[10] Nirgends ist davon die Rede, dass sie gefragt werden musste, ob sie Botho heiraten wolle: Sie entspricht damit dem **weit verbreite-**

ten Frauenbild, dass ein Mädchen auf den Richtigen zu warten habe.

Botho kommt schon kurz nach der Heirat zu der Erkenntnis, er sei „zu dem Besitze seiner jungen Frau“ zu beglückwünschen, da sie „Capricen und üble Laune gar nicht zu kennen schien. Wirklich, sie **lachte den ganzen Tag** über und so leuchtend und hellblond sie war, so war auch ihr Wesen.“ (S. 108) Allerdings bemerkt Botho schon nach kurzer Zeit – während der Hochzeitsreise – mit „Bedenken“ und „Unbehagen“, dass sie „lediglich am Kleinen und **Komischen** hing“ (S. 108). Diese Erkenntnis klingt „doch einigermaßen ängstlich“ in ihm nach. Ohne dass von Lene die Rede ist, wird der Leser hier einen Vergleich mit Lene ziehen, der zuungunsten Käthes ausfallen wird. Im weiteren Fortgang ihrer Ehe – immerhin vergehen dreieinhalb Jahre, in denen sich allerlei verändert, aber nicht in der Wohnung des jungen Paares und auch nicht im Verhältnis der Eheleute untereinander (auch die Tatsache, dass sie **kinderlos** bleibt, bekümmert Käthe nicht) – erfasst Botho von Zeit zu Zeit eine „Missstimmung“, merkt er doch allzu oft, dass mit ihr „wohl ein leidlich vernünftiges, aber durchaus **kein ernstes Wort** zu reden war“. Sie beherrscht die „Kunst des gefälligen Nichtssagens“ (S. 126). Alles betrachtet sie „oberflächlich und ‚spielrig‘, als ob sie der Fähigkeit entbehrt hätte, zwischen wichtigen und unwichtigen Dingen zu unterscheiden“ (S. 116).

Und was für Botho „das Schlimmste“ ist: Sie betrachtet ihre Wesensart als einen Vorzug und denkt nicht daran, sich zu ändern. Jetzt kommt es immer häufiger vor, dass er sie mit Lene vergleicht. Das „enorme Sprechtalent“ – eine gelungene ironische Umschreibung – beginnt ihn zu „genieren“, er versucht, **„ihrer Schwatzhaftigkeit** Einhalt zu tun“ (S. 128 f.). Alles findet sie **„komisch“** – das ist ihr Lieblingswort (vgl. u. a. S. 109 ff., S. 160, S. 168 f., S. 180). Dies mag ihrem Mann gelegentlich auf die Nerven gehen. Aber dann schätzt er doch ihre Fähigkeit, die Komik kleiner Alltagsbegegnungen und -ereignisse herauszupicken. Sie amüsiert sich ja zu Recht darüber, ein „Adalbert von Lichterloh" beehre sich, seine eheliche Verbindung mit einer „geborenen Holtze" anzuzeigen (S. 160), oder wenn eine „Madame Salinger, geb. Saling, aus Wien" sagt, sie habe sozusagen ihren „Comp'rativ" geheiratet (S. 137). Aber gerade das letztgenannte Beispiel gewinnt am Schluss des Romans einen bedeutsamen Nebensinn, als sie auch die Namen „Nimptsch" und „Gideon" komisch findet, woraufhin ihr Mann mit dem Satz, Gideon sei besser als Botho, ebenfalls einen Komparativ verwendet.

Es fällt auf, dass Käthe fast nie durch den Erzähler, sondern meistens **durch die anderen Figuren charakterisiert** wird. Der Onkel ergeht sich in Äußerlichkeiten: „Zähne wie Perlen und lacht immer [...]." (S. 47) Ähnlich die Kameraden Bothos, von denen wir erfahren, dass Käthe „mit 14 schon umkurt und umworben" worden sei (S. 53). Von Balafré heißt es, er stehe „in der Käthebewunderung obenan". Auch Serge findet, sie sei „ein reizendes Geschöpf", das, „bei Lichte besehn eigentlich klüger" sei als Botho (S. 130). Ihm ist aufgefallen, dass Botho ihr gegenüber manchmal allzu „sauertöpfisch" aussehe. Dafür hat Pitt eine Erklärung: Sie sei „**silly**", „sie dalbert ein bisschen" (S. 131). Der Ausdruck „**dalbrig**" wird später auch von Botho verwendet, der diese Eigenschaft allerdings, zumindest an dieser Stelle, nicht allzu schlimm findet (vgl. S. 161).

Gelegentlich fügt der Erzähler dann doch einen Kommentar an. Auf einer Zugfahrt ist Botho angesichts der oberflächlichen Antworten auf seine Frage, was ihr in Dresden am besten gefallen habe, einigermaßen verstimmt. Von ihr aber heißt es: „[Sie] hatte keine Ahnung von dem, was in ihres Gatten Seele vorging [...]." (S. 110) Es wird nicht gesagt, aber impliziert, dass Botho an Lene denkt, die ganz andere Dinge wichtig gefunden hätte. Käthe verfügt über **wenig Einfühlungsvermögen**. Ihre weibliche Klugheit, von der Serge sprach, besteht darin, ihren Mann immer wieder mit **schelmischem und kokettem Verhalten** umzustimmen, wenn er missmutig scheint. Und dies gelingt ihr auch meist, denn „ihre liebenswürdige Koketterie war klug genug berechnet“ (S. 171), wie der Erzähler vermerkt. Bothos Reaktion, sie als „Puppe“ „hoch in die Höh’“ zu heben, stimmt sie nicht ärgerlich, im Gegenteil: „Puppen werden am meisten geliebt“, sagt sie, „und am besten behandelt. Und darauf kommt es mir an“. Diese Aussage charakterisiert sie vielleicht am besten als Gegenbild zu Lene, denn ein solcher Satz wäre aus deren Mund nicht denkbar.

Käthe und Lene im Vergleich

Lene	Käthe
Näherin, ohne besondere Bildung, arm	adelige Bildung/Erziehung, reich
ordentlich, fleißig, pflichtbewusst	lebenslustig, fröhlich
tiefsinnig, natürlich	oberflächlich, schwatzhaft
offenes Wesen	kein Interesse an Veränderungen
gute Beobachtungsgabe	wenig Einfühlungsvermögen, findet alles komisch
schelmisch, neckisch	kokettierend
natürlich, ehrlich	gekünstelt, affektiert
echte Liebe zu Botho	eher oberflächliche Liebe zu Botho
Ehe mit solidem Gideon Franke	arrangierte Vernunftehe mit Botho

Gideon Franke

Es fällt schwer, Gideon Franke sympathisch zu finden, obwohl kein ausgesprochen negatives Wort über ihn fällt. Wir lernen ihn zunächst aus der Sicht des Erzählers, ferner aus den Dialogen zwischen Frau Dörr und Frau Nimptsch kennen, bevor er selbst als Handelnder in Erscheinung tritt. Die erste Beurteilung fällt dann etwas zwiespältig aus. Trotz einer **Reihe positiver Eigenschaften** („ordentlich", „gebildet") gibt es auch **Einschränkungen** („von nicht gerade feinen, aber sehr anständigen Manieren", S. 122), und seine Gesprächsthemen lassen ihn eher als **Langweiler** dastehen: So weiß er, heißt es mit feiner Ironie, nicht nur von Schulen, sondern auch von „Gasanstalten und Kanalisation" zu sprechen – man kann sich vorstellen, dass solche Themen die Aufmerksamkeit seiner Zuhörerinnen wenig gefesselt haben dürften. Auch die Tatsache, dass er lange Jahre in den Vereinigten Staaten zugebracht hat, macht ihn nicht gerade zum Weltmann, zumal man sich über seine dortigen beruflichen Tätigkeiten („Klempner oder Schlosser", dann „wurd' er Doktor und zog 'rum mit lauter kleine Flaschen und soll auch gepredigt haben", S. 123) kein rechtes Bild machen kann. Er hat sich in Amerika Sektierern angeschlossen und sogar eine **eigene Sekte** gestiftet. Der Vorname spielt übrigens auf einen alttestamentarischen Richter an, der einen Götzendienst beendet, dafür einen anderen etabliert hat. Der Nachname könnte August Hermann Francke assoziieren lassen, der die pietistisch geprägten „Franckeschen Stiftungen" in Halle gegründet hat.[11]

Gideon Franke ist eine ambivalente Figur. FWT Köln (2006)

Zurück in Deutschland hat er eine leitende Anstellung in einem **Gaswerk** erhalten, und da er Junggeselle ist und gut verdient – was für Frau Nimptsch und für Frau Dörr sehr wichtig ist („ein sehr reputierlicher Mann mit Zylinder un schwarze Handschuh“, S. 124) –, scheint es für die beiden Frauen naheliegend, dass er **für Lene ein passender Ehemann** sein könnte. Dieses Ziel scheint er auch selbst anzustreben. Von seinen Reisen erzählt er gern, wenn Lene dabei ist, wohl um sie zu beeindrucken, wohingegen er sich in ihrer Abwesenheit nicht zu schade ist, mit der alten Frau Nimptsch Karten zu spielen, obwohl er „eigentlich alle Karten verabscheute“ (S. 123). Offensichtlich will er sich – mit Blick auf Lene – bei Frau Nimptsch einschmeicheln. Dies scheint ihm auch zu gelingen, denn für sie ist er „ein feiner un anständiger Mann, un eigentlich schon ein Herr“ (S. 124). Fontane lässt die Frau Nimptsch somit die Einschätzung des Erzählers, der ja Gideons Manieren als „**nicht gerade fein**“ bezeichnet hatte, konterkarieren. Man wird ihrer Beurteilung unterstellen dürfen, dass sie die möglicherweise störenden Charakterzüge des Nachbarn absichtlich ignoriert, zumal sie eine Gefährdung der Heirat eher bei Lene sieht.

Der etwas zweifelhafte Eindruck, den der Leser von Gideon erhält, wird noch verstärkt durch das Gespräch, das Franke bei seinem Besuch mit Botho führt. Der erste Eindruck der **Spießbürgerlichkeit** wird zwar relativiert durch Bothos Urteil, es handle sich um einen „Mann von Freimut und untadeliger Gesinnung“ (S. 142). Nichtsdestoweniger ist das Verhalten des Besuchers sonderbar genug, um nicht nur Botho, sondern auch den Leser zu verwundern. Gideon redet weniger von seiner zukünftigen Frau, sondern von sich selbst und seinen „auf eigenem Boden gewachsenen Anschauungen“, und das „in einem immer predigerhafter werdenden Tone“ (S. 145). Seine Rede charakterisiert ihn durchaus als **aufrichtigen und ehrlichen Menschen**, dennoch ist sein Auftritt wegen des fast schon fanatischen Tones

nicht frei von Lächerlichkeit. Er macht den Eindruck eines **Sonderlings**. Es bleibt fraglich, ob er ein Mann ist, der auf Lene eingeht und den sie von Herzen lieben kann. Bezeichnenderweise wird im ganzen Roman nirgends erwähnt, wie Lene zu ihm steht.

Der Eindruck des Sonderbaren wird auch durch die Trauungszeremonie, bei der sich einige gehässige Zuschauerinnen über den Anblick des Bräutigams lustig machen, nicht zerstreut (vgl. S. 179). Obwohl der Erzähler deren spitze Bemerkungen unkommentiert lässt, kann kein Zweifel bestehen, dass das Brautpaar nicht recht zusammenpasst, zumal wir von dem **großen Altersunterschied** erfahren. Insofern ist das Schlussbild mit dem letzten Satz des Romans, nämlich Bothos Äußerung, Gideon sei besser als Botho, von vielschichtiger Ironie.

Frau und Herr Dörr

Fast ist man geneigt, Frau Dörr als eine der **Hauptpersonen** anzusehen. Mit ihr ist Theodor Fontane eine jener **Berliner Frauenfiguren** gelungen, die seinen Romanen einen humoristischen Charakter verleihen, wozu insbesondere ihr **gesunder Menschenverstand** und ihre unverblümte, im **Berliner Dialekt** gehaltene Sprechweise beitragen. Wichtig für die Handlung ist sie insbesondere deshalb, weil sie eine Art **Spiegel- oder Gegenbild zu Lene** bildet. Das mag zunächst überraschen, sind doch die Unterschiede sehr deutlich: Sie ist einiges älter, korpulenter („sehr stattlich aussehend[…]"), zudem macht sie zwar den „Eindruck des **Gütigen und Zuverlässigen**, zugleich [aber auch] den einer besonderen **Beschränktheit**" (S. 6). Es gibt aber auch wesentliche Gemeinsamkeiten. Beide gehören der gleichen sozialen Schicht an, wenngleich Lene sich besser auszudrücken vermag. Bedeutsamer aber ist, dass Frau Dörr, die von sich behauptet, als junges Mädchen „größer und anziehlicher als die Lene" (S. 7) gewesen zu sein, einst ein **Verhältnis mit einem Grafen** hatte, der „immer kreuzfidel un unanständig" (S. 8) war und dem sie dann den Laufpass gab. Sie habe sich von Anfang an nichts eingebildet. Genau dies meint sie aber Lene zum Vorwurf machen zu müssen. Deshalb glaubt sie, das ungute Ende der Beziehung zu Botho voraussagen zu können. Damit behält sie zwar recht; sie war aber nicht imstande, Lene richtig einzuschätzen. Sie denkt und fühlt im Übrigen in den gleichen Kategorien wie später die Königin Isabeau, die sich mit den adligen Offizieren einlässt, ohne die Gefahr einzugehen, sich zu verlieben.

Die beiden Dörrs, denen gerade am Anfang der Erzählung ein recht breiter Raum gewährt wird, spielen auf der hier präsentierten Bühne des Lebens (vgl. Kapitel „Theatermetaphorik") eine **Doppelrolle als Akteure und Zuschauer** in dem sich abspielenden Drama. Sie verfolgen und kommentieren das Geschehen auf je eigene Weise – nicht intellektuell, aber durchaus mit gesundem Menschenverstand – und übernehmen somit eine Mittlerrolle zwischen dem Geschehen und dem Leser. Die Dörrs bewohnen und bewirtschaften die etwas heruntergekommene Gärtnerei, die nur mit wohlwollender Ironie, ihres Turmes wegen, als Schloss bezeichnet werden kann. Ihr Verhältnis zueinander ist trotz einiger Unstimmigkeiten – so ärgert sich Frau Dörr über den Geiz ihres Mannes – recht herzlich, jedenfalls fasst Dörr es als Zärtlichkeit auf, wenn seine Frau ihn am Ohrzipfel zieht. Sie kritisiert ihn auch häufig, durchaus vor anderen, aber er nimmt ihr auch dies nicht übel. In ihrem Aussehen und ihren Handlungen spiegeln sich ihre Eigenarten: Dörr, eine „**vollkommene Trivialerscheinung**" (S. 11), kann als ein Original gelten. Eine treffende Charakterisierung liefert

Herr und Frau Dörr sind treue Wegbegleiter und Freunde der Nimptschs. FWT Köln (2006)

Lene ab, als sie mit Botho spazieren geht: Der alte Dörr sei zwar klüger als seine Frau, habe aber Furcht vor ihr und sei deshalb ihr gegenüber nachgiebig (vgl. S. 31).

Serge, Balafré, Pitt

Zwei Personengruppen verdienen noch Interesse: Zum einen Bothos Kameraden, die Offiziere, die nur mit ihren Spitznamen genannt werden, also **Serge**, **Balafré**, **Pitt** – und zu denen Botho als Gaston gehört. Zum anderen die **Gruppe der Begleiterinnen**, deren richtige Namen man ebenfalls nicht erfährt. Sie werden in einem pseudo-intellektuellen Spiel mit Frauennamen aus Schillers Tragödie *Jungfrau von Orleans* bedacht. Beide Gruppen, die auf „Hankels Ablage" aufeinandertreffen, repräsentieren ihre jeweilige soziale Schicht, sind sich aber **in ihrem Verhalten ähnlich**. Davon zeugen nicht nur die anonymisierenden Namen, die der jeweiligen Interaktion etwas **Theaterhaftes** geben – die Figuren spielen eine Rolle –, sondern auch die jeweiligen Gesprächsthemen. Bei den Offizieren dreht sich fast alles um ihr Casino, ihre Laufbahn sowie die mehr oder weniger ernsthaften Beziehungen, die sie eingehen. Auch die Offiziersbegleiterinnen reden gern und nicht immer freundlich übereinander. Sie sind sich zudem ihrer **Rolle als bloße zeitweilige Unterhaltung** durchaus bewusst. Deshalb ist Bothos Verhalten umso verwunderlicher, da er keine Sekunde zögert, sich mit seinen Kameraden auf eine Stufe zu stellen und Lene den Damen auszuliefern, indem er auch ihr einen Theaternamen gibt.

Rexin

Rienäckers Ulanen-Kamerad Rexin ist eine bedeutsame Nebenfigur, obwohl er nur kurz vorkommt (23. Kapitel) – allerdings zu einem wichtigen Zeitpunkt, zu dem Botho gewissermaßen mit der Vergangenheit abgeschlossen hat, indem er die Briefe und das Sträußchen verbrannte, und zu dem er sich über die zurückliegenden drei Jahre Rechenschaft ablegt. Da Rexin sich bei ihrer Begegnung in der gleichen Situation befindet wie Botho damals (und deshalb seinen Kameraden um Rat bittet), ist er eigentlich für das Romangeschehen **weniger als Individuum interessant**. Er ist eher eine Figur, die Botho Gelegenheit gibt, seine damalige Entscheidung zu rechtfertigen und die Folgen aufzuzeigen, die auch ihm gedroht hätten, wenn er mit seiner Gesellschaftsschicht gebrochen und eine Verbindung – ob in oder außerhalb einer Ehe – mit Lene eingegangen wäre. Somit rundet die Begegnung mit Rexin, der als **Alter Ego Bothos** gezeichnet wird, das charakterliche Bild Rienäckers ab, der nach wie vor überzeugt ist, dass die Trennung von Lene zwar schmerzhaft war, aber „doch sein musste" (S. 162).

Figurenkonstellation

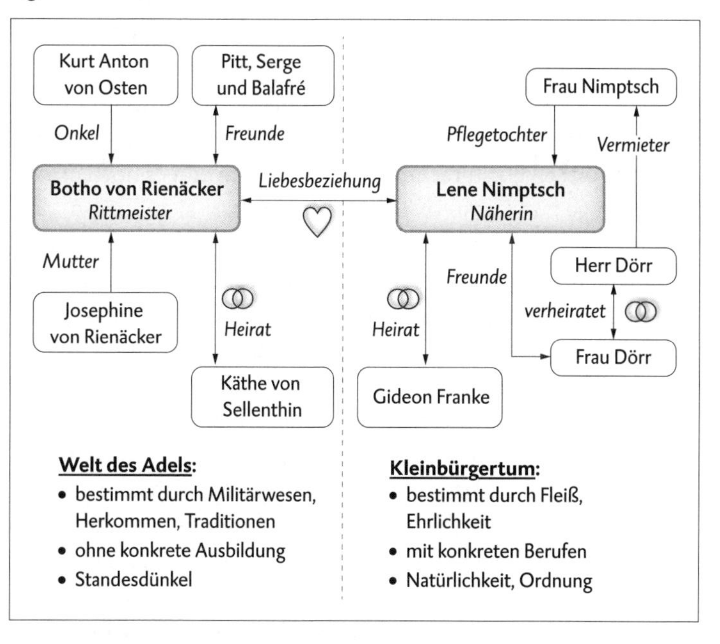

3 Zentrale Themen und Motive

Theatermetaphorik

Die Welt des Theaters ist ein zentraler Bestandteil des Romans. Zwar beginnt die Handlung mit durchaus romantypischen Orts- und Zeitangaben. Die Vokabel „**Kulisse**" lässt allerdings aufhorchen. Wie bei einem Theaterbesuch wird die **Neugier des Lesers/Zuschauers** auf das gelenkt, was „hinter [der] Kulisse" da wohl „verborgen sein" mag (S. 5). Dann wird gewissermaßen sichtbar, was sich verbirgt, nämlich die **kleinbürgerliche Idylle** von Frau und Tochter Nimptsch sowie der Besucherin, Frau Dörr, deren Dialog, um im Vergleich zu bleiben, sozusagen die **Exposition** für das im Folgenden geschilderte Geschehen darstellt: Die Personen werden nach und nach eingeführt, und der die Handlung bestimmende Konflikt – die **nicht standesgemäße Liebesbeziehung** sowie **deren vermutliches Scheitern** – wird angedeutet. Zur Theaterstruktur passt dann am Ende des ersten Kapitels auch die Rede der Frau Dörr, die ihrer Zuhörerin in Form einer Art **Mauerschau** ihre Beobachtungen kundtut.[12]

Außer diesen erzähltechnischen Elementen gibt es noch inhaltliche Bezüge zur Theaterwelt. Aus diesen lässt sich folgern, dass Botho Lene gegenüber tatsächlich Theater spielt, ihr also eine **Scheinwelt** vormacht. Als er der Gesellschaft im „Schloss" eine **Tischunterhaltung** seines gesellschaftlichen Kreises **vorspielt**, wird eben dieser Begriff verwendet: „vormachen." (S. 25) Was als köstliche Unterhaltung beginnt („denke dir also, du wärst eine kleine Gräfin") und bei allen Zuhörern zunächst mit herzlichem Lachen aufgenommen wird, bekommt bald einen bedeutsamen Hintersinn, denn Lene merkt früh, dass auch in Bothos Welt das „Redensartliche" vorherrscht. Und schon wenig später wird sie zu ihm sagen: „[Ich] weiß [...], dass du [...] jeden Tag denkst, ‚wenn sie doch eine Gräfin wäre'." (S. 34) Sie hat also, um in der Theatermetaphorik zu bleiben, das Spiel durchschaut.

Theater in *Irrungen, Wirrungen*

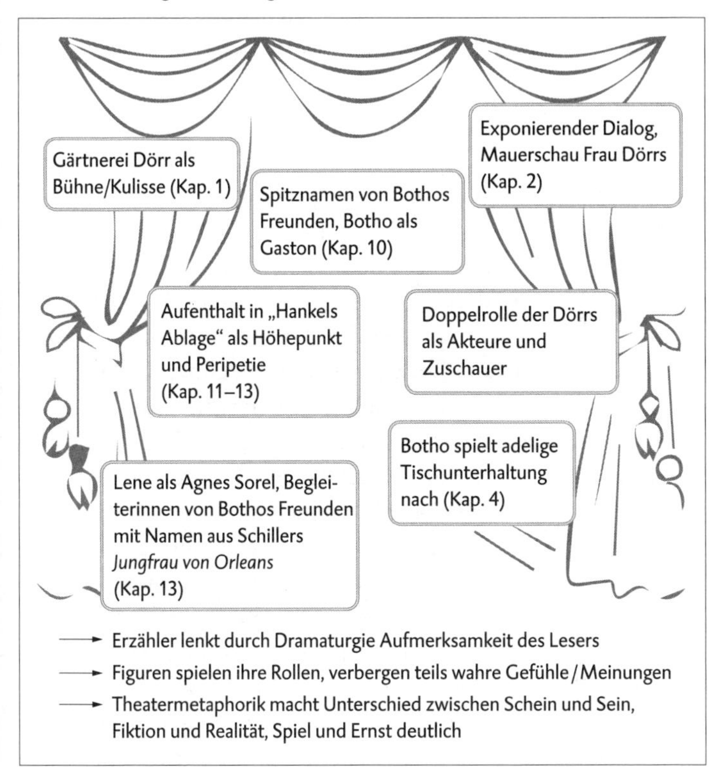

→ Erzähler lenkt durch Dramaturgie Aufmerksamkeit des Lesers
→ Figuren spielen ihre Rollen, verbergen teils wahre Gefühle / Meinungen
→ Theatermetaphorik macht Unterschied zwischen Schein und Sein, Fiktion und Realität, Spiel und Ernst deutlich

Auch im weiteren Verlauf der Handlung wird Theater gespielt. Dazu zwei Beispiele:

Lene führt eine Art Haushaltsbüchlein, in das sie auf der letzten Seite, dick unterstrichen, vermerkt hat: „Was zu wissen not tut." (S. 62) Als sie den Eintrag Botho zeigt, fühlt dieser sich an ein „Traktätchen" oder an einen „Lustspieltitel" erinnert. Dies ist eine recht oberflächliche, wenn auch bezeichnende Reaktion auf etwas, das Lene überaus ernst ist. Ihre spätere Frage „Ist es ein Geheimnis?" verrät, dass er in einer Welt lebt, die ihr im Grunde unzugänglich erscheint. Seine Erklärungen wiederum, die über die in seinen Kreisen üblichen Spitznamen wie Pitt, Serge und Gaston Auskunft geben, rufen bei Lene die **Erinnerung an ein triviales Theaterstück** herauf: *Der Mann mit der eisernen Maske* – und der Titelheld, eben der mit der Maske, habe Gaston geheißen. Und da es sich um ein Trauerspiel handelte, habe sie jämmerlich geweint. Daraus ergibt sich der kurze Dialog: Botho: „Und lachst jetzt, wenn ich dir sage: Gaston bin ich." Darauf Lene: „Nein, ich lache nicht. Du hast auch eine Maske." (S. 63)

Dies zeigt die Rollenverteilung sehr deutlich und gibt zugleich einen versteckten Hinweis auf das weitere Geschehen. Lenes feines Empfinden nimmt Bothos Verhalten als Rolle in einem **Lustspiel**, als **Maskerade**, wahr. Für sie zeichnet sich dagegen das **Trauerspiel** ab, das sie zum Weinen bringen wird.

Eine Art Maskerade ist es dann auch, die das hoffnungsvolle Zusammensein der beiden Liebenden auf „Hankels Ablage" beendet. Es sind die „intimsten" Kameraden Bothos, „[a]lle drei mit ihren Damen", die im wahrsten Sinne Theater spielen: Die Offiziere haben ihre „**Necknamen**", ihre Begleiterinnen werden nach Frauenfiguren aus **Schillers *Jungfrau von Orleans*** benannt. Der „Überfall" scheint sogar geplant zu sein, und wenn es im Text heißt, es habe sich geboten, „gute Miene zum bösen Spiel zu machen", bekommt diese Redensart einen bitteren Beigeschmack, zumal zum einen Lene in der ihr von Botho aufgezwungenen Rolle der Agnes Sorel den neu Hinzugekommenen „sichtlich unbequem[...]" ist (und sich auch verloren vorkommen muss) und zum anderen es Botho hingegen schnell und „vollkommen" gelingt, sich in die neue Rolle hineinzufinden.

Die Namensgebung ist nicht ohne Ironie. Die **historische Agnes Sorel** war die Mätresse des Königs (Karl VII.), dessen Mutter Isabeau die Geliebte ihres Sohnes mit Hass verfolgte. Es ist schon bemerkenswert, wie leichthin („mit leichter Handbewegung") Botho diesen Namen vergibt. Es dürfte feststehen, dass Lene, die kein Französisch kann (und wohl auch das Stück nicht kennt) und insofern sogar den kichernden anderen „Mitspielerinnen“ unterlegen ist, die Anspielung nicht versteht und sich in dieser Situation voller „kleine[r] Anzüglichkeiten“ (S. 87) als **Außenseiterin** fühlen muss.

Lenes Herkunft – ein „blindes“ Motiv?

Lene ist die **Pflegetochter** der alten Frau Nimptsch. Dies lässt schon zu Beginn des Romans Vermutungen aufkommen, zumindest bei der Besucherin, der Frau Dörr: „Sie haben sie ja bloß angenommen un is nich Ihr eigen Fleisch und Blut un vielleicht is es eine Prinzessin oder so was.“ (S. 8) Die Nachbarin verbindet diese **Spekulation** mit der Äußerung: „[...] vielleicht is es auch nich so schlimm.“ „Schlimm“ wäre in ihren Augen, wenn Lene, „so'n gutes Kind, das alles ernsthaft nimmt und alles aus Liebe tut“, sich in eine aussichtslose Beziehung zu einem Angehörigen des höheren Standes begäbe. Zwangsläufig würde sie dann enttäuscht werden, denn für den Liebhaber wäre sie keine Frau zum Heiraten, allenfalls eine Affäre. Aber wenn sie eine Prinzessin wäre ...

Die dunkle und geheimnisvolle Herkunft einer Romanfigur ist ein beliebtes und häufiges Motiv der **Trivialliteratur** des 19. Jahrhunderts. Fontane spricht somit eine **Erwartungshaltung des Lesepublikums** seiner Zeit an, aber er befriedigt sie nicht. Denn Lenes Herkunft wird in *Irrungen, Wirrungen* nirgends geklärt. Also müsste man von einem „blinden“ Motiv sprechen, und blinde Motive – also solche, die lediglich angedeutet werden, aber im weiteren Handlungsverlauf keine Rolle mehr spielen – gelten als Verstöße gegen eine reflektierte Erzählhaltung. Ein zeitgenössischer Rezensent hat dieses angebliche Versehen Fontanes entsprechend moniert (*EuD*, S. 112). Aber wir dürfen annehmen, dass es sich hier um ein **ironisches Spiel Fontanes** handelt. Er lässt ja Botho sich Lene als „Gräfin“ vorstellen, im Bewusstsein, dass dies eine bloße Illusion ist. Das Problem, das infolge der Standesunterschiede entsteht, mithilfe einer **märchenhaften Wendung** zu lösen, liegt **nicht in Fontanes Sinne**. Insofern dürfen die Worte der Frau Nimptsch, die sie „mit einem Anfluge von Schelmerei" äußert, die Nachbarin käme von einem „Schloss" herüber („Denn ein Schloss is es und bleibt es. Hat ja 'nen Turm", S. 6), dieser **Erzählerironie** ebenso zugeordnet werden wie die Bemerkung des Autors, es herrsche eine „halbmärchenhafte Stille" (S. 5 f.).

Der Standesunterschied

Botho spielt den Standesunterschied – insbesondere zwischen sich und Frau Nimptsch sowie den beiden Dörrs – herunter. Mit **jovialem Plauderton** weiß er die Herzen der einfachen Leute zu gewinnen, und es ist ihm abzunehmen, dass er sich tatsächlich in ihrem Kreis wohlfühlt. Dennoch wirken seine **Bekenntnisse aufgesetzt**. „Jeder Stand hat seine Ehre", sagt er zu Frau Nimptsch (S. 22) und zitiert ein sentimentales, von Adelbert von Chamisso verfasstes Gedicht über eine alte Waschfrau. Aber das heißt noch lange nicht, dass er selbst ein solches Leben führen möchte, und wie er über Frau Dörr, der er **vordergründig herzlich** begegnet, denkt, zeigt die Bemerkung gegenüber Lene, die Frau Dörr sei in ihrer Umgebung „unbezahlbar, aber nicht unter Menschen. Unter Menschen ist sie bloß komische Figur und eine Verlegenheit." (S. 67) Eine „Verlegenheit" – der Gedanke lässt sich weiterspinnen. Personen niederen Standes mit seinem eigenen Umfeld in Verbindung zu bringen (das, was Botho mit „unter Menschen" versteht), würde ihn in Verlegenheit, also in Schwierigkeiten, bringen. Lene weiß dies von Anfang an, und sie gibt sich insofern auch nicht der Illusion hin, ihn dauerhaft an sich binden zu können. Dass seine **Zuneigung ehrlich** ist, nimmt sie ihm ab, aber sie ist auch überzeugt, dass er „jeden Tag [denke], ‚wenn sie doch eine Gräfin wäre'." (S. 34) Zu ergänzen wäre: Dann bräuchte er sich ihrer nicht zu schämen … Aufschlussreich ist die Szene, die sie in ihrem Brief beschreibt: Sie hat ihn während der Parade gesehen, war stolz auf ihn, aber hat sich weitab gehalten, zumal sie – wenngleich sie es abstreitet – **Grund zur Eifersucht** hat. Ihre Pflegemutter hatte ihr, wie so oft, vorausgesagt, er komme nicht wieder, und Lene sagt: „Ach, wie mir das immer einen Stich ins Herz giebt, weil es ja mal so kommen muss und weil ich fühle, dass es jeden Tag kommen kann." (S. 38) Einen „Stich ins Herz" gibt ihr auch (in „Hankels Ablage") der Umstand, die **englischsprachigen Unterschriften der Bilder** kaum entziffern zu können, „weil sie sich der Kluft dabei bewusst wurde, die sie von Botho trennte" (S. 80). Als Botho sich auf das Spiel der Kameraden einlässt und ihnen Lene als Agnes Sorel vorstellt, wird ihr nicht entgangen sein, wie die anderen Begleiterinnen der „ihnen unbekannten und sichtlich unbequemen" Lene (S. 85) begegneten. Vermutlich wird sie auch nichts mit den literarischen Anspielungen (hier auf Schillers *Jungfrau von Orleans*) haben anfangen können. Allerdings sind auch die anderen Frauen lediglich Liebschaften niederen Standes, was sich deutlich an ihrer Sprechweise sowie an ihrem Verhalten zeigt. Als die Älteste bemerkt, dass Lene, im Gegensatz zu den leichtfertigen anderen, „alles aus Liebe" tut (S. 91), kann sie sie nur bedauern – und dies in Ausdrücken, ähnlich wie sie Frau Dörr anfangs verwendet hat.

Lene ahnt, dass das Ende ihrer Beziehung zu Botho naht.

Mit ihren – gelegentlich auch neckisch vorgetragenen – Fragen provoziert Lene den Geliebten oft und macht ihn verlegen. Er vermag dann nur ausweichend und abwiegelnd zu antworten („Lass es, Lene", „Wie du nur sprichst", „Lene, Lene, sprich nicht so …“ usw.). Er widerspricht ihr jedenfalls nicht und bestärkt oder bestätigt insofern ihre Zweifel.

Dass Lene angesichts der **empfundenen „Kluft“** schüchtern und zurückhaltend ist, verwundert jedenfalls nicht. Allerdings steht sie dem gesellschaftlichen Stand Bothos **keineswegs kritiklos und bewundernd** gegenüber. „Der spöttelte freilich über Wissen und Bildung, aber sie war klug genug, um zu fühlen, was von diesem Spotte zu halten war.“ (S. 80) Dies kann ja nur heißen: Botho setzt sich nur oberflächlich und in ihrer Gegenwart von seinem eigenen Stand ab, in Wirklichkeit bleibt er ihm verhaftet, ohne zu merken, wie unecht sein Spott ist. Schon früher hat sie mit einigem Erstaunen seinen Bericht über die adlige Gesellschaft, die **oberflächliche Konversation** betreibt, angehört und angemerkt: „Aber […] wenn es alles so redensartlich ist, da wundert es mich, dass ihr solche Gesellschaften mitmacht.“ (S. 27) Sie scheint also die Plattitüden der Frau Dörr oder die simplen Weisheiten der Frau Nimptsch höher einzuschätzen als die „Redensartlichkeit“ „solche[r] Gesellschaften“ (vgl. Kapitel „Sprache und Stil“).

Wie die höheren Stände, insbesondere die Offizierskaste, über den Standesunterschied denken, wird schon früh deutlich. Für Bothos Onkel Osten sind die Verhältnisse von vornherein klar, zumal wenn **finanzielle Gegebenheiten** eine Rolle spielen. „Es ist Zeit“, sagt dieser, „dass er [Botho] aus der Garçonschaft herauskommt. Er vertut sonst sein bisschen Vermögen oder verplämpert sich wohl gar mit einer kleinen Bourgeoise. Hab ich Recht? Natürlich.“ (S. 48) Botho könnte widersprechen. Er könnte angesichts des **dünkelhaften Geredes** seines Onkels auf die **wahre Herzensbildung** seiner „kleinen Bourgeoise“ verweisen. Immerhin hat er wohl seinem Kameraden Balafré gegenüber angedeutet, seine „Weißzeug-Dame“ (= Näherin) eventuell heiraten zu wollen. Aber ein anderer Kamerad, Wedell, weiß es besser: „[…] die Verhältnisse werden ihn zwingen und er wird sich lösen und frei machen [...].“ (S. 53 f.) Doch Botho schweigt. Der Onkel hat ja Recht. Und auch Lene weiß es: „Ihr kennt ja nur euch und euren Klub und euer Leben.“ (S. 35)

Versuchte Grenzübertretungen

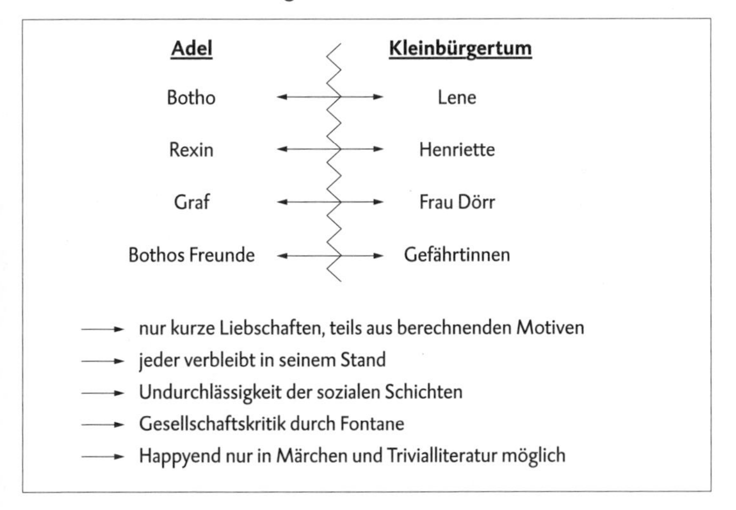

Die Arbeitswelt

Den Standesunterschied vertieft Fontane an zwei Stellen seines Romans durch Seitenblicke auf die **Arbeitswelt**. Lene und Botho unternehmen vor dem Frühstück auf „Hankels Ablage“ einen Spaziergang. Dabei beobachten sie **zwei Fischersleute**, die Rohr schneiden. „Es war ein hübsches Bild, an dem sie sich erfreuten.“ (S. 83) Der kleinen Szene wäre keine Bedeutung beizumessen, wenn sich nicht kurz darauf weitere Anblicke auftäten, die von den beiden unterschiedlich bewertet werden. Beim Frühstück bemerkt Botho zu dem Geschehen auf der gegenüberliegenden Werft: „Und sieh nur [...], da kalfatern sie schon wieder [d. h. sie dichten die Schiffsplanken ab] und geht ordentlich im Takt. Wahrhaftig, solch Arbeits-Taktschlag ist doch eigentlich die schönste Musik." (S. 83) So kann nur jemand reden, der **harte körperliche Arbeit nicht kennt**. Lene lässt Bothos Bemerkung unkommentiert, sie ist durch einen anderen Anblick abgelenkt. Sie beobachtet eine **junge hübsche Magd**, die am Wassersteg **Kupferkannen und -kessel blankscheuert**. Dies tut sie mit offensichtlicher „herzliche[r] Arbeitslust", und der Erzähler ergänzt, dass die „hübsche Person [...], so schien es, in ihrer Arbeit gar nicht genug tun konnte" (S. 83 f.). Lene sieht darin ein „Zeichen" und eine „Fügung", sie glaubt, das Mädchen knie da nur für sie. Botho beurteilt das Ganze nüchterner: „Es ist ja fast, als ob du das Mädchen beneidetest, dass sie da kniet und arbeitet wie für drei." (S. 84) Kann man hart arbeitende Menschen beneiden? An einer späteren Stelle kehrt die Rede vom **Neid im Zusammenhang mit körperlicher Arbeit** wieder. Botho, der sich inzwischen innerlich gegen Lene entschieden hat, reitet an einem **Walzwerk** vorbei. Es ist gerade Mittagspause und die Frauen haben den Arbeitern das Essen gebracht. Dem Reiter bietet sich ein geradezu **idyllisches Bild:** „Rienäcker [bezeichnenderweise wird hier der Nachname verwendet], der sich den Sinn für das Natürliche mit nur zu gutem Rechte zugeschrieben, war entzückt von dem Bilde, das sich ihm bot, und mit einem Anfluge von Neid sah er auf die Gruppe glücklicher Menschen." (S. 102) Geregelte Arbeit und „täglich Brot" bedeuten für ihn **Ordnung**, und er fragt sich, ob denn sein Leben „in der ‚Ordnung'" sei (vgl. Kapitel „Interpretation von Schlüsselstellen").

Es stellt sich hier die Frage, wieweit Bothos **verklärter Blick auf die Arbeitswelt** der Realität gerecht wird. Immerhin heißt es über die Fabrik, dass „aus zahlreichen Essen [...] Qualm und Feuersäulen in die Luft stiegen" (S. 102). Dazu will die Idyllik der fröhlichen Arbeiter nicht recht passen. Es darf unterstellt werden, dass Bothos Beurteilung der Situation nicht mit der des Autors übereinstimmt. Fontane dürfte gewusst haben, unter welch **schweren und teilweise unwürdigen Bedingungen** gerade Fabrikarbeiter im 19. Jahrhundert in einem Walzwerk, wie auch in der zeitgenössischen sogenannten „Industriekunst", etwa dem **Gemälde *Das Eisenwalzwerk*** von Adolph von Menzel (1875), ersichtlich, arbeiten mussten. Er hat in seinen Romanen ansonsten das sogenannte Proletariat nicht auftreten lassen (und auch hier vermeidet er den Begriff). Klassenkampf im marxistischen Sinne ist ihm fremd, und er hat sich auch bewusst dagegen ausgesprochen, proletarisches Elend zum Gegenstand der Dichtung zu machen und damit den Anspruch auf Realismus unterstreichen zu wollen.[13] Fontane strebt in dieser Szene also sicherlich keine Schilderung der Arbeitswelt in naturalistischer Perspektive an.

Adolph von Menzel: Das Eisenwalzwerk (1875)

Die Wirkung des Anblicks auf Botho muss als dessen **subjektive Wahrnehmung** aufgefasst werden. Botho glaubt etwas zu sehen, wonach er sich selbst, wie schon in den Szenen mit den Dörrs erkennbar, sehnt: **kleines Glück**, das sich in „Arbeit und täglich Brot und Ordnung" manifestiert (S. 102). Und sofort steht ihm Lene wieder vor Augen, von der er weiß, auch sie sei „für

Arbeit und Ordnung“. Interessant an dieser Stelle ist, dass er **seine Ordnung mit Ehe gleichsetzt** – er ist sich also seiner Zwangslage bewusst. Was den Anblick des eben wahrgenommenen Arbeiterglücks betrifft, so kann gefolgert werden: Soziales Elend wäre schwerlich beneidenswert gewesen, und seine Wahrnehmung ist somit mit Recht als „**Wirklichkeitsverweigerung**“ bezeichnet worden.[14]

Aberglaube

In der eben beschriebenen Szene – Lenes Reaktion auf den Anblick der die Kupferkessel scheuernden Magd – wird Lenes Aberglaube erkennbar. Sie spricht von „Zeichen“ und „Fügung“. Sie bezieht die sich wiederholende Geste der hübschen Magd, das Hochhalten des blankgescheuerten Stücks, auf sich: „[...] das ist kein Zufall, dass sie da kniet, sie kniet da für mich [...].“ (S. 84) Für kurze Zeit („einen Augenblick“) blitzt das Kupfer in der Sonne und wird dann in den nebenstehenden Korb gelegt. Lene sieht **darin ihr Schicksal vorgezeichnet:** Das kurze Glück mit Botho ist jener Augenblick des Glanzes, und sie fühlt: Bald wird sie, wie jene Metallteile, abgelegt. Botho stellt mit Unverständnis fest, dass Lene „das Weinen näher wäre als das Lachen“.

Unmittelbar vor dieser Szene hat Botho seiner Geliebten zärtlich versichert, sie sähe „so glücklich aus“ (S. 82), und der Erzähler bestätigt: „Und so war es.“ Aber sie sagt nichts – und jetzt fällt der Begriff –, denn „sie war abergläubisch und wollte das Glück nicht bereden“.

Aberglaube gilt gemeinhin als Beleg für **mangelnde Aufklärung**. Er speist sich aus **Irrationalismen**, die oft zu **Verängstigungen** führen können. Abergläubische Menschen werden deshalb meist belächelt oder sogar bemitleidet. Auch Botho kann sich Lene gegenüber davon nicht ganz frei machen. Als Lene sich bei ihrem Spaziergang am Vortag weigert, die gepflückten Blumen mit ihrem Haar zu einem Strauß zu binden, begründet sie dies mit der Redensart „**Haar bindet**" und hält Botho entgegen: „[...] wenn ich es um den Strauß binde, so bist du mitgebunden." (S. 72) Sie verteidigt diese Auffassung gegenüber Bothos herablassender Antwort, dies sei „Aberglauben", der eher zu Frau Dörr passe, mit der naiv klingenden Äußerung, ihre Pflegemutter habe dergleichen immer gesagt, und: „auch wenn es wie Aberglauben aussah, das war immer richtig." Botho aber beharrt auf seinem Wunsch, den sie ihm letztlich auch erfüllt.

Wie sehr der so **rational scheinende Botho** dann doch vom Aberglauben berührt wird, macht nicht nur die spätere Szene deutlich, in der er Lenes Briefe sowie die längst vertrockneten Blumen mitsamt dem Haarfädchen „**wie von abergläubischer Furcht erfasst**" (S. 158) verbrennt (vgl. Kapitel „Interpretation von Schlüsselstellen"), sondern schon ein früheres Ereignis, als er nämlich ausreitet, um nach dem Erhalt des fordernden Briefes seiner Mutter mit sich selbst und seinen Gedanken ins Reine zu kommen. Diese Szene beginnt recht harmlos damit, dass Botho von einem lästigen „Brummer" behelligt wird, den er noch, halb im Scherz, als „**Unglücksboten**" bezeichnet (S. 95). Als er dann bei seinem Ausritt dem Pferd die Richtung überlässt und dieses ihn an das **Steinkreuz eines im Duell getöteten Adligen** führt, sieht er dies als ein „Zeichen" an (S. 101), benutzt also das gleiche Wort wie seinerzeit Lene. Dass sich der hier Begrabene den Standesverpflichtungen unterworfen hat, so unsinnig und sogar ungesetzlich sie sein mögen, ist Botho „[l]ehrreich" für seine Entscheidung gegen Lene.

Es zeigt sich Erstaunliches: **Der eigentlich Abergläubische ist Botho**, gerade die letztgenannte Szene macht dies deutlich. Er benutzt die zufällige Wegfindung seines Pferdes als Argument für seine Entscheidung und erleichtert damit sein Gewissen. Dass ihm dies jedoch nicht nachhaltig gelingt, zeigt wiederum seine Angst, Käthe könnte jene Briefe Lenes finden. Lene dagegen weiß zwar keinen anderen Begriff für die Motive ihres Handelns als „Aberglaube“, ihr Denken und Fühlen basiert jedoch auf grundehrlichen, in der Tradition verwurzelten Überzeugungen und ist frei von Stupidität. Auch hierin zeigt sich, was die Herzensbildung betrifft, ihre **Überlegenheit gegenüber Botho**.

Aberglaube vs. Vernunft

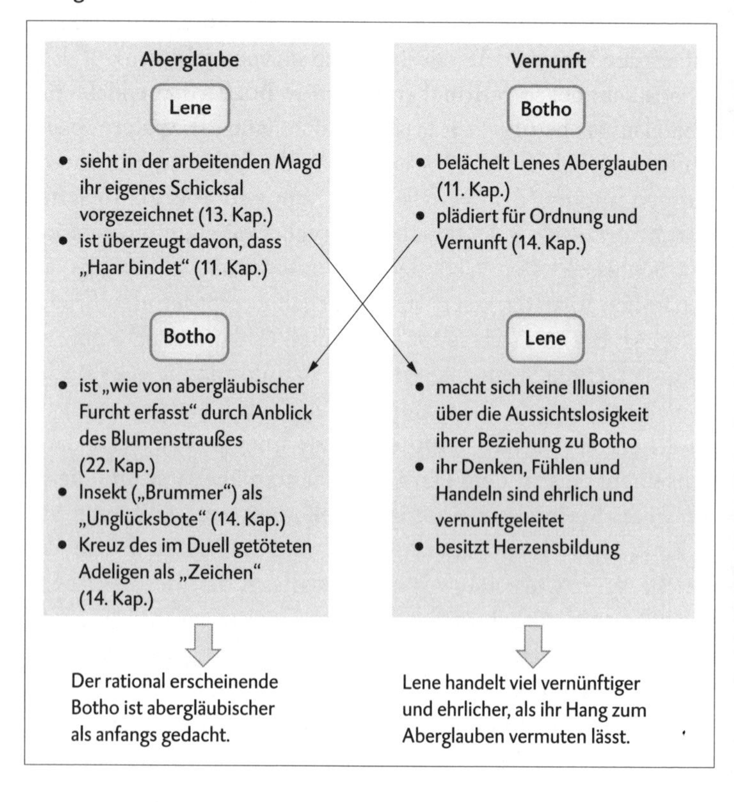

Die im Zusammenhang mit dem Aberglauben besprochenen Textstellen zeigen die Lust Fontanes und seine Absicht, die Motive bewusst einzusetzen. Dies hat zur Folge, dass sich viele scheinbar **zufällige Hinweise zu einem geschlossenen Bild** runden. In diesem Zusammenhang ist auf die **vorausdeutende Funktion**

vieler Motive zu achten. Dies gilt etwa für die **trivialen Sprüche**, die den Knallbonbons entnommen werden (vgl. S. 24) und die Lene zwar amüsieren, sie aber doch erröten lassen, ferner für die Früh-Erdbeere (vgl. S. 31 f.), das schnell verlöschende Feuerwerk (vgl. S. 34 f.), das Lied, das sie auf dem Wilmersdorfer Spaziergang singen (und das Botho später wieder hört, vgl. S. 153) u. a. Auch zeigt sich Botho zutiefst betroffen, als er auf dem Weg zu Frau Nimptschs Grab auf einem Lieferwagen einen Haufen zerbrochenen Glases bemerkt: Ihm kommt die volkstümliche Redensart in den Sinn: „Glück und Glas …“ (S. 152), und da zu ergänzen ist: „… wie leicht bricht das“, fühlt er sich erneut schmerzlich an das **Zerbrechen seines eigenen Glückes** erinnert.

Literarische Motive und Anspielungen

Der **Titel** des Romans könnte eine literarische Anspielung auf Shakespeares *Komödie der Irrungen* sein. Allerdings lassen sich kaum inhaltliche Bezüge herstellen: **Shakespeares Drama** ist eine Verwechslungskomödie, die ihren Witz aus der Ähnlichkeit zweier eineiiger Zwillingspaare bezieht. Fontanes ursprünglicher Titel *Irrt, wirrt* zeigt überdies, dass das Nomen „Irrungen“ zunächst gar nicht geplant war; dem Autor ging es wohl eher um den Reim.

Wohl aber finden sich in dem Roman **zahlreiche Bezüge bzw. Anspielungen auf literarische Werke**. Dies verwundert bei dem exzellenten Literaturkenner und eifrigen Theaterbesucher und -kritiker Fontane nicht. Bemerkenswert ist die Souveränität, mit der er diese Bezüge für die Handlung fruchtbar macht. Von der Übernahme der **Rollennamen aus Schillers *Jungfrau von Orleans*** war bereits die Rede. Den handelnden Personen – den jungen Offizieren sowie den so bezeichneten Damen – geht es nicht um den Inhalt. Für sie ist diese **Namensgebung ein gesellschaftliches Spiel**. Der kenntnisreiche Leser wird aber sehr wohl die Ironie heraushören, wenn er beispielsweise an das Verhältnis der historischen Königin Isabeau zu Agnes Sorel denkt.

An einen **Stoßseufzer der Luise Miller** aus Schillers ***Kabale und Liebe*** erinnern auch Lenes Worte: „Ach, das arme bisschen Leben." (S. 35; siehe dazu den Kommentar in *EuD,* S. 19) Die Liebesgeschichte zwischen der kleinbürgerlichen Luise und dem Adligen Ferdinand endet tragisch und liefert insofern eine indirekte **Vorlage für Lenes Schicksal**. Nun darf allerdings nicht angenommen werden, dass Lene Schillers Drama kannte und den Satz bewusst als Zitat verwendete, ebenso wenig, wie sie Agnes Sorel gekannt haben dürfte. Fontane spricht hier die **Assoziationsfähigkeit seiner Leser** an, die solche Bezüge herzustellen imstande sind. Dies gilt auch für Lenes Äußerung gegenüber Botho, als dieser von ihr Abschied nimmt und befürchtet, sie werde sich etwas antun: „Ich bin nicht wie das Mädchen, das an den Ziehbrunnen lief und sich hineinstürzte, weil ihr Liebhaber mit einer anderen tanzte." (S. 104) Dieses von ihr heraufbeschworene Bild erinnert an das Schicksal der **Klara in Hebbels Tragödie *Maria Magdalena*,** wird aber von Lene wohl eher im Hinblick auf die zahlreichen mehr oder weniger trivialen Schicksalsdramen und -romane des 19. Jahrhunderts gemeint sein. Dass sie solche tatsächlich kennt, machte schon die Szene deutlich, in der sie Botho aufgrund seines Spitznamens Gaston mit dem Stück *Der Mann mit der eisernen Maske* in Verbindung brachte (vgl. S. 63).

Eine **Anspielung auf das Märchen** vom *Aschenputtel* liefert Botho in der geselligen Runde um Frau Nimptsch. Dieses Märchen dürften alle Beteiligten gekannt haben. Einen Hintersinn bekommt das Zitat allerdings dadurch, dass Botho eben keinen „goldene[n] Pantoffel" (S. 23 f.) mitgebracht hat – dieser würde ja bedeuten, dass Lene-Aschenputtel die Richtige ist –, sondern eine Tüte voller Knallbonbons.

Ein entsprechend höheres literarisches Niveau liegt verständlicherweise den Anspielungen der Adligen zugrunde. Sie zitieren **Walter Scott** oder nehmen **Bezug auf Opern** (vgl. S. 53). Doch sind dies, wie auch bei dem Namensspiel um die *Jungfrau von Orleans,* lediglich **Bildungseinsprengsel**, sie zeigen **keine tiefer gehende Herzensbildung** an. Diese aber wird mehrfach Lene attestiert – trotz ihrer Rechtschreibfehler. Botho nennt es „Tiefe des Gemüts" und fügt hinzu: „Arme Bildung, wie weit bleibst du dahinter zurück" (S. 158) – und damit erhebt er sie über seine gebildete, aber „dalbrige" Frau.[15]

4 Sprache und Stil

Als Beispiel mag eine Textstelle aus dem Romananfang dienen. Der Lieblingshahn des alten Dörr hat sich vor dem wild kläffenden Affenpinscher des Nachbarn auf einen Birnbaum geflüchtet. **Dörr vertreibt den Hund unter Flüchen:**

> *„Hol' mich der Deubel, wenn ich mir nich 'ne Windbüchse anschaffe [...]. Un denn pust ich das Biest so stille weg, und kräht nich Huhn nich Hahn danach. Nich mal meiner."*
> *Von dieser ihm von Seiten Dörrs zugemuteten Ruhe schien der letztere jedoch vorläufig nichts wissen zu wollen, machte vielmehr von seiner Stimme nach wie vor den ausgiebigsten Gebrauch. Und dabei warf er den Silberhals so stolz, als ob er den Hühnern zeigen wolle, dass seine Flucht in den Birnbaum hinein ein wohlüberlegter Coup oder eine bloße Laune gewesen sei. Dörr aber sagte: „Jott, so'n Hahn. Denkt nu auch Wunder was er is. Un seine Courage is doch auch man so so."* (S. 12 f.)

Der erste und der dritte Absatz zeigen beispielhaft die Sprechweise eines **Berliners der unteren Mittelschicht**. Deshalb soll zunächst eben die Sprechweise der handelnden Personen in Bezug auf ihre Standeszugehörigkeit untersucht werden. Der zweite Absatz gibt Gelegenheit, Sprache und Stil des Erzählers Fontane zu analysieren.

Sprechweise der handelnden Personen

Die **Schichtzugehörigkeit der handelnden Personen** zeigt sich bei Fontane oft schon in deren **Sprechweise**. So auch hier – mit einer wesentlichen Einschränkung: Die beiden Dörrs sowie Frau Nimptsch verwenden den **Berliner Dialekt**, Botho und sein Kreis sprechen **Hochdeutsch**. Lene dagegen, die ja eher der Unterschicht zugerechnet werden muss, spricht ebenfalls Hochdeutsch, wenn auch mit **Berliner Färbung**, insbesondere wenn sie sich mit Frau Dörr unterhält. Sie steht deshalb – zumindest sprachlich – zwischen ihrem Umfeld und dem Geliebten. In der Rechtschreibung ist sie sich allerdings nicht sicher; aber dies gereicht ihr, zumindest in der Einschätzung des Briefempfängers Botho, nicht zum Nachteil – ganz im Gegenteil. Er spürt, der Brief sei wie Lene selbst: „gut, treu, zuverlässig." (S. 39) Und die Briefe, die er später von Käthe erhält, sind zwar orthografisch korrekt; er empfindet sie aber als „bloßes Gesellschaftsecho" (S. 139), also ohne Tiefgang und ohne Persönlichkeit.

Der Berliner Dialekt zeichnet sich durch eine gewisse **Schnodderigkeit** aus und hört sich immer etwas **ironisch-spöttisch** an. Selbst eine gutmütige, einfache Frau wie Frau Nimptsch spricht gerne „mit einem Anfluge von Schelmerei" (S. 6), ohne allerdings jemals verletzend zu wirken. Das Berlinerische Fontanes verfügt über einen eigenen **Wortschatz** (Beispiele: „Hutsche", „simpern", „drippen", „schülbern", „mir schuddert so" – Wörter, deren Sinn sich aus dem Zusammenhang unschwer ergibt). Dazu kommen Begriffe, die auch außerhalb Berlins – im Niederdeutschen – Verwendung finden wie „Wocken" (Spinnrocken), „Poggen" (Frösche), „Peden" (Quecken) usw., ferner **syntaktische Besonderheiten**, die den Regeln der Hochsprache oft zuwiderlaufen: „[...] dass Sie mal wieder 'rüberkommen. Und noch dazu von's ‚Schloss'" (S. 6), „ich ärgre mir bloß" (S. 16), „er geht nu mal mit die Hühner zu Bett" (S. 30), über den Nachbarshund: „Bollmann seiner" (S. 12) usw. Viele Ausdrücke bleiben unbestimmt, es **fehlt** dem Sprecher oder der Sprecherin an ausreichender **Differenzierungsmöglichkeit**. „[...] Sie wissen ja,

Frau Nimptschs Berliner Dialekt ist ehrlich, direkt und oft ironisch. FWT Köln (2006)

der is nicht so." (S. 7) Gemeint ist: Er ist nicht hochnäsig, wie man von einem Adligen erwarten könnte. Oder: „[...] denn is es auch man immer so so, nich hüh und nich hott." (S. 17) „[S]eine Courage is doch auch man so so." (S. 13) Die Sprache der Frau Dörr enthält überdies zahlreiche **Floskeln und Redensarten**, die größtenteils banal sind, aber von einer – wenn auch unreflektierten – **Alltagsklugheit** zeugen: „Wie einer sich legt, so liegt er" (S. 16), „[...] die Kraft is immer die Hauptsache" (S. 15), über ihren Sohn: „Wo's nich drin steckt, da kommt es auch nich" (S. 22). Dass diese Floskeln durchaus auch gezielt eingesetzt werden, zeigt die folgende Stelle:

> *„Aber ich weiß woll, es geht nich immer und mancher will auch nich. Und wenn einer nich will, na, dann will er nich un denn muss es auch so gehn und geht auch mehrstens, man bloß, dass man ehrlich is un anständig und Wort hält. Un natürlich, was denn kommt, das muss man aushalten un darf sich nicht wundern. Un wenn man all so was weiß und sich immer wieder zu Gemüte führt, na, denn is es nich so schlimm."* (S. 19)

Frau Dörr ergeht sich hier, nach einem Ausdruck Lenes, in „**Zweideutigkeiten**" (S. 32), indem sie eine aus eigener Erfahrung gewonnene **Warnung** an Lene ausspricht. Sie weiß – oder ahnt –, dass die Beziehung zu Botho keinen Bestand haben wird, und spendet gleichzeitig **Trost**. Lene wiederholt später diese Bedenken in ähnlicher Weise und zeigt damit, wie richtig Frau Dörr trotz aller „Einfalt" (S. 32) mit ihrer Vermutung lag: „Man muss allem ehrlich ins Gesicht sehn und sich nichts weis machen lassen und vor allem sich selber nichts weis machen." (S. 35)

Das **Berliner Lokalkolorit** wird nicht nur durch die Ortsbezeichnungen (Wilmersdorf, Stralau, Treptow usw.) wiedergegeben, sondern auch durch Ortstypisches (Waffengeschäft Mehles, Weinrestaurant Hiller, Kümmelschnaps Gilka, Berliner Weiße usw.) sowie durch sogenannte **Berolinismen**, d. h. nur in Berlin gebräuchliche **Umschreibungen** wie „Knallerballer" für Rauchtabak. Ferner gibt es Beispiele für scherzhafte Bezeichnungen, die den speziellen Berliner Humor zeigen, etwa „Läster-Allee“ (S. 35) für die Promenade des Zoologischen Gartens.

Zum Berlinischen gehören auch zahlreiche – meist aus dem Französischen stammende – **Fremdwörter**, die gerade von den unteren Schichten **eingedeutscht** und insofern **verballhornt** werden. Ein schönes Beispiel liefert Gideon Franke: „[...] auf die Proppertät kommt es an und auf die Honnettität kommt es an und auf die Reellität.“ (S. 145) Überhaupt ist „propper“ (wörtlich so viel wie „sauber“; bei den Sprechern moralisch gemeint) eine gern verwendete Vokabel.

Französisch wird auch von den Herren des Klubs gesprochen. Die Kenntnis der jeweiligen Begriffe wird beim Gesprächspartner vorausgesetzt. Ihre Sprechweise – beispielsweise die Spitznamen, die sie sich geben, oder spielerische Übernahme von Rollen aus Schillers *Jungfrau von Orleans* – ist nicht ohne **Affektiertheit** („bloß Ziererei“, erkennt auch Isabeau). Eigentlich ist dieses Sprechen lediglich ein **oberflächliches Bildungsgeplänkel**. Der **Offiziersjargon** wird am deutlichsten bei Bothos Onkel. Botho erkennt dies zwar (später wird er sagen: „Chic, Tournüre, savoir-faire, – mir alles ebenso hässliche wie fremde Wörter“, S. 101), kann sich aber auch nicht aus dieser Sprech- und Denkweise lösen. Lene, die ein feines Gespür dafür hat, wird sich allerdings immer wieder schmerzlich bewusst, welch anderer Sphäre Botho angehört, hatte es ihr doch beim Anblick der Stiche in „Hankels Ablage“ – oder vielmehr von deren englischsprachigen Unterschriften, die sie mangels Fremdsprachenkenntnissen kaum entziffern konnte – „einen Stich ins Herz“ gegeben (S. 80). Die **sprachliche „Kluft“ ist** auch eine **gesellschaftliche Kluft**.

Wie präzise Fontane die Sprechweise der Personen als Ausdrucksmittel einsetzt, zeigt sich insbesondere im 13. Kapitel bei der **Begegnung mit den Klubkameraden und deren Damen**.

Die Offiziere, insbesondere Balafré, verwenden eine von Fremdwörtern gespickte Sprache („ich proponiere"; „um zwölf Uhr Reunion"; „wir machen ein Jeu"), die Wortführerin der Damen dagegen, Königin Isabeau, von der es heißt, sie sei „bei solcher **antippenden und beständig in kleinen Anzüglichkeiten sich ergehenden Sprache** groß geworden" (S. 87), weiß sich sprachlich diesem Niveau anzupassen (wenn auch mit kleinen Ausnahmen, vgl. „Nein, gepätschelt wird heut nicht mehr"). Als sie aber mit Lene allein ist, verfällt sie in den Berliner Dialekt, den auch die beiden anderen Töchter Thibaut d'Arcs verwenden. Dass die Offiziere sich über die Damen köstlich amüsieren (vgl. S. 86), zeigt wiederum, dass sie sie nicht als Vertraute, sondern lediglich als **beiläufige Affären** betrachten – auch hier ist die gesellschaftliche Kluft unüberbrückbar.

Die gewählte Ausdrucksweise und der gewandte Umgang mit Fremdwörtern kann nicht darüber hinwegtäuschen, dass die Sprecher der Oberschicht im Grunde **wenig zu sagen haben**. Wenn die Sprache der Bewohner der Gärtnerei mit redensartlichen Wendungen gespickt ist, dann gilt dies für die Sprache der Adligen nicht minder. Es gibt jedoch gravierende Unterschiede. Zum einen spiegelt sich natürlich der **Bildungsstand** der jeweils Sprechenden in den Ausdrücken wider. Wichtiger sind jedoch, zum anderen, die Bewertungen, die – zunächst von Botho und den handelnden Personen selbst, dann auch vom Leser – vorgenommen werden. Schon in einer frühen Szene (4. Kapitel) **parodiert Botho** vor Lene, ihrer Mutter und den Dörrs eine **Tischunterhaltung**, wie sie in seinem Stand üblich sein dürfte, in ihrer ganzen oberflächlichen Banalität, sodass Lene verwundert fragt, warum Botho solche Gesellschaften denn mitmache, „wenn es alles so **redensartlich** ist" (S. 27). Dem hält Botho entgegen, solche Tischgespräche seien amüsant, im Klub jedoch „hör[t]en die Redensarten auf und die Wirklichkeiten f[i]ngen an". Sollte der Leser daraus den Schluss ziehen, diese Klubgespräche seien geistreicher, wird er aber sofort eines Besseren belehrt. Jene „Wirklichkeiten“ bestehen darin, dass man um hohe Einsätze spielt, und mit der Ernsthaftigkeit ist es auch nicht weit her. Und es zeigt sich sehr bald, dass Bothos Sprache in seinem eigenen Umfeld **floskelhaft** und damit **unverbindlich** ist. Dies wird insbesondere im Gespräch mit seinem Onkel deutlich, der sich über die von Botho „leicht hin“ gesagte Äußerung „[g]ewiss, man kann es sagen“ aufregt: „[W]as soll dies ‚Man kann es sagen‘, das heißt so viel wie ‚man kann es auch *nicht* sagen‘.“ (S. 44) Genau diese **Unbestimmtheit** und **Gedankenlosigkeit** hatte Botho in jener Parodie kritisiert: „[E]igentlich ist es ganz gleich, wovon man spricht.“ (S. 26) Und noch einmal: „Es ist alles ganz gleich. [...] Und ‚ja‘ ist gerade so viel wie ‚nein‘.“ (S. 27) Er merkt nicht, wie „redensartlich“ er selbst spricht.

Für beide Gruppen lässt sich also der von Fontane abfällig gebrauchte Begriff der „**Redensartlichkeit**“ verwenden. Dieser Begriff bzw. dessen Gegenteil kommt noch einmal in einem signifikanten Kontext vor und dient dazu, die beiden Frauengestalten zu vergleichen. **Käthe**, von der es geheißen hatte, sie sei „sonst ohne besonderen Esprit“, könne sich „in Bildern und Vergleichen gar nicht genug tun“ (S. 108). So sehr Botho ihre Fröhlichkeit und Unbeschwertheit liebt, so ergreift ihn doch angesichts **ihrer sinnfälligen Oberflächlichkeit** – sodass mit ihr „durchaus kein ernstes Wort zu reden war“ (S. 116) – gelegentlich ein „Unbehagen“. Das ständige **oberflächliche Geplapper** seiner jungen Frau, die alles und jedes „**komisch**“ findet, fängt an, ihn „zu **genieren**“ (S. 128 f.), und dann steht ihm „Lene mit ihrer Einfachheit, Wahrheit und **Unredensartlichkeit** [...] öfters vor der Seele“ (S. 117). Aber solches „Unbehagen“ drängt er zurück und ist froh, dass Käthe in ihrer Gedankenlosigkeit seiner gelegentlichen Verstimmung nicht näher auf den Grund geht.

Die Figuren und ihre Sprache

Figuren	Sprache	Merkmale der Sprache	Bedeutung
Botho und sein Umfeld (Käthe, Balafré, Serge, Pitt usw.)	• Hochdeutsch • französische Wörter als Einsprengsel	• intakte Syntax • gehobener Wortschatz • längere, komplexere Sätze • bildungssprachlich	• Distinktion • Unverbindlichkeit • Affektiertheit • Anzüglichkeiten • Oberflächlichkeit • Bildungsgeplänkel
Lene	Hochdeutsch mit Berliner Färbung	↑ Lene steht also auch in sprachlicher Hinsicht zwischen ihrem Umfeld und ihrem geliebten Botho ↓	
Herr und Frau Dörr, Frau Nimptsch	Berliner Dialekt	• Schnodderigkeit • Ironie, Spott • eigener Wortschatz • besondere Syntax • Floskeln, Redensarten, Sprichwörter	• fehlende Differenzierungsmöglichkeiten • Alltagsklugheit • Trost • Natürlichkeit, Direktheit

→ Schichtzugehörigkeit zeigt sich auch in der jeweiligen Sprache

→ Sprachliche Unterschiede verdeutlichen auch gesellschaftliche „Kluft"

„Die Grenzen meiner Sprache bedeuten die Grenzen meiner Welt."
Ludwig Wittgenstein

Sprache und Stil

Im zweiten Abschnitt des oben wiedergegebenen Zitats aus dem Romanbeginn meldet sich der Erzähler selbst zu Wort. Die kleine Szene zeigt den **humoristischen Stil** des Romans recht deutlich: Das Verhalten des Hahns wird **vermenschlicht**, indem ihm – wenn auch im Konjunktiv – menschliche Eigenheiten und Gefühle zugeschrieben werden. Die Erzählweise des ganzen Vorgangs, von dem es heißt, dass „sich Ähnliches jeden dritten Tag wiederholte" (S. 13), vermittelt dem Leser einen **Eindruck von der Atmosphäre**, in der sich die Handlung (und zwar nicht nur an dieser Stelle) abspielt und abspielen wird: So wie Dörr den augenblicklichen Vorgang zunächst mit Wut, dann mit wilden

Vorsätzen, aber auch einer Art Resignation („diesmal war es nichts“, S. 12) hinnimmt und mit redensartlichen Floskeln kommentiert, so wird auch das spätere Geschehen geschildert. Der Stil ist stets **gedämpft**, nirgends exaltiert, immer von einer **leisen**, **unaufdringlichen**, **niemals verletzenden Ironie** getragen. Es trifft auch hier zu, was Fontane in einem Brief vom 3. April 1879 (in Bezug auf den Romanentwurf *Allerlei Glück*) schreibt: „Berlin und seine Gesellschaft, besonders die Mittelklassen, aber **nicht satirisch**, sondern **wohlwollend behandelt**. Das Heitere vorherrschend, alles Genrebild.“[16] Die Satire, insbesondere die ätzende, ist nicht Fontanes Stilmittel. Auch Käthes „Dalbrigkeit“ verleitet den Leser eher zum Schmunzeln als zum Spott, dafür ist ihr Wesen einfach zu sonnig.

Es darf die Frage gestellt werden, ob die **humoristische Grundtendenz die persönliche Tragik verdeckt** oder sogar aufhebt. Dem muss entschieden widersprochen werden. Gerade die leisen Töne dienen **eher zur Verstärkung als zur Abschwächung**. Hierfür ein schönes Beispiel: Nachdem Lene auf der Straße den sich lachend unterhaltenden Botho und Käthe begegnet ist (ohne von diesen bemerkt worden zu sein), muss sie sich, „einer Ohnmacht nah“, auf einer Treppe niedersetzen und findet erst nach einiger Zeit wieder zu sich. Ein „halbwachsene[s] Mädchen“, das sie beobachtet hat, „sah ihr traurig verwundert nach und es war fast, wie wenn in dem Kinderherzen eine erste Vorstellung von dem Leid des Lebens gedämmert hätte“ (S. 113 f.). Lenes ganzes Leid spiegelt sich hier in diesem Kind. Die Episode endet mit den Worten: „[Lene] blieb [...] stehn und rang nach Luft. ‚Ach, wer weinen könnte.‘ Und sie drückte die Hand gegen Brust und Herz.“ (S. 114) Der Erzähler vermeidet einen Blick in ihr Inneres. Dies ist allerdings aufgrund des im inneren Monolog vorgetragenen Satzes nicht nötig, um ihren Seelenzustand wiederzugeben. Das Stilmittel des **inneren Monologs** benutzt Fontane auch bei Botho, um dessen Selbstzweifel auszudrücken. Das Mitleid des Lesers hält sich gleichwohl in Grenzen, da Botho meist Rechtfertigungen folgen lässt, die sein Gewissen beruhigen. Das beste Beispiel hierfür liefert sein Gedankenspiel auf dem Ausritt (14. Kapitel), als er sogar das Ordnungsprinzip, das er so an Lene schätzt, gegen sie verwendet und sich dem Motto „Ordnung ist Ehe“ verschreibt (vgl. Kapitel „Zentrale Themen und Motive“).

5 Interpretation von Schlüsselstellen

Wie entscheidet sich der zwischen der Liebe zu Lene und den Verpflichtungen seines Standes schwankende Botho? (S. 99 –102)

Die Szene enthält im Kern die Grundthematik des Romans: der **Sieg der gesellschaftlichen Zwänge** über das, was Botho „des Lebens Bestes“ nennt – „Einfachheit, Wahrheit, Natürlichkeit“. Botho hat den **Brief seiner Mutter** erhalten; er ist „in großer Erregung“, aber er zögert dennoch nicht, dem Wunsch der Mutter nachzukommen. Diese hatte ihn zwar vor die Wahl gestellt, „so oder so“ (S. 98) zu handeln, d. h. der Heirat mit Käthe zuzustimmen oder aber sie abzulehnen (nur weitere „Hinausschiebung“ wird ihm untersagt), aber Botho ist klar, dass er keine echte Wahl hat: Die **Vermögensverhältnisse zwingen ihn**, im Sinne der Mutter und des Onkels zu handeln. Um seine bedenkliche Situation energisch selbst zu regeln, fehlt ihm, dem „Durchschnittsmensch[en]“, die „Kraft“. **Sarkastisch** – und mit einer gehörigen Portion **Selbstmitleid** – geht er alternative Zukunftsvorstellungen als „Kunstreiter, Oberkellner und Croupier“ durch oder gar als Fremdenlegionär mit Lene als Soldatenbraut. Indem er sich selbst „ins Verhör“ nimmt, sucht er nach **Argumentationshilfen**, um seine **Entscheidung gegen Lene zu begründen**. Er macht sich ihre oft geäußerte Voraussage zu eigen, dass ihr gemeinsames Glück ohnehin nur von kurzer Dauer sein werde. Da er nichts versprochen hat, braucht er es auch nicht zu bereuen, wenn diese Voraussage eintritt. Dennoch schwankt er, „das Eine zu tun, was durchaus getan werden muss". Sein **Bekenntnis** „Weil ich sie liebe!", das er sogar beschwörend noch einmal wiederholt, ist durchaus glaubwürdig, ebenso die Betonung jenes „des Lebens Bestes", womit Lene es ihm angetan habe. Zugleich behauptet er seine **Gleichgültigkeit** „gegen den Salon und einen Widerwillen gegen alles Unwahre, Geschraubte, Zurechtgemachte", das seien ihm nämlich „hässliche wie fremde Wörter" (S. 101).

In diesem **Widerspruch** ist er gefangen. Zwar liebt er Lene, aber diese **Liebe ist nicht stark genug**, um ihm den **Mut zu einer Entscheidung gegen die Gesellschaft** zu verleihen. Die Frage, wofür er sich entscheiden wird, ist schon zuvor von den Kameraden diskutiert worden. Wedell hatte von Bothos Absichten gehört, seine Lene zu heiraten, da Rienäcker „in manchem seinen eignen Weg" gehe und „immer fürs Natürliche" gewesen sei (S. 53). Sein Gesprächspartner aber ist überzeugt, dass Botho trotz der zugestandenen „Weichheit und Herzensgüte" letztlich von den „Verhältnissen" bezwungen werden wird. Was bei diesem – durchaus schmerzhaften – Lösungsprozess hängen bliebe, sei ein „Stückchen Leben" (S. 54).

Darüber reflektiert nun auch Botho. Und ihm wird klar, dass er **einem „Traum" nachgehangen** hat, dem Traum von einem „verschwiegene[n] Glück", von dem er irgendwann „die stille Gutheißung der Gesellschaft erwartet" hätte. Aber nun hat ihn die **Realität eingeholt**, und er fühlt nicht die Kraft in sich, „die Welt herauszufordern und ihr und ihren Vorurteilen öffentlich den Krieg zu erklären" (S. 100). In dieser Situation überlässt er, emotional aufgewühlt, seinem Pferd den Weg. Es folgen zwei aufschlussreiche Begegnungen, jedenfalls im Hinblick auf seine Entscheidung und die Begründung, mit der er diese Entscheidung rechtfertigt.

Zunächst gelangt er – und er hält es für ein „Zeichen" – zu dem **Grab eines ehemals Mächtigen**, der in einem Duell ums Leben gekommen war. Nicht nur nach Bothos Ansicht geschah dies allein „[e]iner **Adelsvorstellung**, einer **Standesmarotte** zu Liebe, die mächtiger war als alle Vernunft [...]" (S. 101). Sollte Botho, der Stimme seines Herzens und der Vernunft folgend, eine derartige widersinnige „**Marotte**" nicht ablehnen? Sein Monolog lässt eine andere Lehre erkennen. Er nimmt das Geschick des im Duell Getöteten als Lehre dafür, „dass das **Herkommen unser Tun bestimmt**" (S. 102). Der Anblick des Grabes gibt ihm somit keine Entscheidungshilfe gegen die **starren Standesregeln**, die, wie er sehr wohl weiß, im Falle eines Duells sogar gegen das Gesetz verstoßen, im Gegenteil: Er, der gerade eben noch alles Natürliche für das Beste gehalten hatte, sagt sich jetzt: „Wer ihm [dem Herkommen] gehorcht, kann zu Grunde gehen, aber er geht besser zu Grunde als der, der ihm widerspricht." (S. 102) Schon zuvor hat er das Ankämpfen gegen die „Vorurteile" der Welt mit dem lächerlichen **Anrennen Don Quijotes gegen die Windmühlen** verglichen und merkt nicht, dass er eine **billige Ausrede** gefunden hat, **seine Mutlosigkeit** zu begründen.

Botho am Scheideweg: In welche Richtung soll sein Leben gehen?

Die zweite Begegnung ist nicht minder bedeutungsvoll. Botho trifft vor einer Fabrik, einem **Walzwerk**, auf eine **Gruppe von Arbeitern**, die gerade Mittagspause haben und denen ihre Frauen das Essen gebracht haben. Die Szenerie mit den lachenden und offensichtlich glücklichen Menschen weckt den **Neid des Be-**

obachters, der – mit seinem „Sinn für das Natürliche" – geradezu „entzückt" ist bei dem Anblick. Aber auch diese Begegnung führt nicht zu einem Umdenken. Er klammert sich vielmehr an einen Begriff, den er hier realisiert sieht, nämlich den Begriff der „**Ordnung**". Er glaubt sagen zu können, diese einfachen Leute heirateten nicht aus Leidenschaft oder Liebe, sondern wegen ihres Ordnungssinns. Ein **geordnetes Leben** sei **gleichbedeutend mit Glück**. Er selbst habe insofern ein ungeordnetes Leben geführt. Und sofort steht ihm wieder Lene vor Augen, der er unterstellt, auch sie sei „für Arbeit und Ordnung". „Ordnung ist Ehe" (S. 102) – und deswegen kann er Lene nicht heiraten. Damit ist er wieder mit sich im Reinen. Die **Ordnung** stellt somit den **Gegenpol zu den im Titel symbolhaft angesprochenen „Irrungen und Wirrungen"** dar und hebt diese – jedenfalls für Botho – auf.

Die Textstelle kann als **Wendepunkt der Erzählung** gesehen werden. Sie zeigt die Schwäche eines Menschen, der **unfähig** ist, **aus seinen vorgegebenen Standesschranken auszubrechen**, und sogar sein Lebensglück aufs Spiel setzt. Interessanterweise spielt Käthe, die für ihn vorgesehene Ehefrau, in seinen Überlegungen überhaupt keine Rolle. Botho ist lediglich **auf sich selbst fixiert**. Der Roman stellt insofern infrage, ob Botho mit Lene hätte glücklich werden können. Eine „romantische" Lösung – also beispielsweise ein Verzicht Bothos auf den gesellschaftlichen Rang und der Entschluss, Lene trotz aller Widerstände zu heiraten – wird allenfalls in einer satirisch gemeinten Wendung, also nicht ernst zu nehmend, in Betracht gezogen. Da Botho aber auch in der Ehe die **Erinnerung an seine glückliche Zeit mit Lene** nicht loswird, ist er ein **Gefangener seines Standes**. Dies ist fast als tragisch zu bezeichnen oder wäre es, wenn Botho eine ähnliche Gemütstiefe wie Lene besäße. Über sein singuläres Schicksal hinaus verweist Bothos Geschichte somit auf die Absicht Fontanes, die **Standesgebundenheit des ausge-**

henden 19. Jahrhunderts noch einmal zu zeigen und mit den nur angedeuteten Lösungswegen eine neue Zeit anzukündigen.

Wie gehen Botho und Lene mit der Aussichtslosigkeit ihrer Beziehung um?

(S. 70 ff.; S. 156 ff.)

Eine Analyse der Textstelle(n) zeigt die **bewusste Erzählweise** Fontanes. Er versteht geschickt Andeutungen und Anspielungen auszustreuen, die letztlich ein **Geflecht miteinander verbundener äußerer und innerer Handlungen** ergeben. Am Ankunftstag auf „Hankels Ablage" unternehmen die beiden Liebenden auf Lenes Wunsch hin eine Bootsfahrt, obwohl Botho zunächst dagegen ist – er ruft den zweiten Ostertag in Erinnerung. Eine Begründung für seine ablehnende Haltung wird nicht gegeben, jedoch weiß der Leser, an Bothos Selbstgespräch denkend, Bescheid. Botho hatte, als er Lenes Brief erhielt, in einer ersten Reaktion die „arme Lene" bedauert: „Es wär' uns beiden besser gewesen, der Ostermontag wäre dies Mal ausgefallen." (S. 39) Dies sagt er, bevor ihm überhaupt die Alternative, nämlich die von außen beförderte Verehelichung mit Käthe, bewusst wird. Dem Leser ist von da an klar, dass **Botho der Verbindung mit Lene keine Zukunft gibt**. Die junge Frau beweist jetzt, während der Landpartie, erneut ihr **feines Gespür**, indem sie die Gegenfrage stellt, Botho werde doch wohl „den zweiten Ostertag nicht als einen Unglückstag ansehen wollen" (S. 69) – woraufhin er nichts Rechtes zu antworten weiß. Überhaupt heißt es, dass Lene während der Landpartie das „Entschlossene [...] und beinah Herbe [...]" (S. 68), das ihr sonst zu eigen war, abgelegt habe. Allerdings mischt sich in ihre Äußerungen immer auch ein **leiser Spott**, den Botho sehr wohl heraushört, aber wohlweislich unkommentiert lässt. Indem Lene sich bewusst macht, dass dies die letzte glückliche Zeit mit dem Geliebten sein wird, gewinnt sie hieraus **Stärke** und eine **innere Sicherheit**, wenngleich der bevorstehende Verlust bitterlich schmerzt. Botho hingegen lebt im Augenblick und verdrängt die Gedanken an die Zukunft.

Das Paar verbunden und doch symbolisch getrennt. Frankfurter Inszenierung (2012)

Dies wird ersichtlich an der folgenden Szene. **Lene sucht Blumen zusammen**, die sie zu einem Strauß zusammenbinden möchte. Die Bezeichnungen der Blumen verraten eine versteckte **Symbolik:** Lene pflückt „Vergissmeinnicht", und zwar ein „ächtes", sowie „Ehrenpreis" (botanisch gebildete Leser kennen diese Blume auch unter dem Namen „Männertreu"), ferner, mit schalkhaftem Unterton, „Teufels-Abbiss", der „eigens für [Botho] gewachsen" sei und schließlich „Immortellen". Botho erkennt die **leise Ironie** nicht, mit der Lene die Blumen aussucht, er stimmt ihrer Wahl zu und bei den „Immortellen" (wörtlich: die „Unvergänglichen") fällt ihm lediglich ein, dass diese „die Passion der alten Frau Nimptsch" seien. Seine **fehlende Sensibilität** zeigt sich dann bei seiner Forderung, Lene möge den Strauß mit einem ihrer Haare zusammenbinden – eine Forderung, der Lene zunächst nicht nachkommen möchte. **„Haar bindet"** (S. 72): So zitiert Lene das Sprichwort, „wenn ich es um den Strauß binde, so bist du mitgebunden". Sie versteht die **Lehre dieses Sprichworts**, die Botho als Aberglaube abtut, als **wohlwollende Warnung**, wohl ahnend, dass der Geliebte diese Bindung – wahrscheinlich schon bald – verraten wird. Da er auf seiner Forderung besteht, fügt sie sich mit den mit großer Ernsthaftigkeit gesprochenen Worten: „Du hast es gewollt. Hier, nimm es. **Nun bist du gebunden**." (S. 72) Das Kapitel endet mit dem Satz: „Jeder [...] hing seinem Glück und der Frage nach, wie lange das Glück noch dauern werde.“ (S. 73) Hat der Erzähler als Beobachter das Geschehen bislang eher aus der Außenperspektive wiedergegeben, so gewährt er hier einen kleinen Einblick in das Innenleben der beiden Protagonisten und veranlasst zugleich den Leser, die offene Frage weiterzudenken: Dieser wird zu dem Schluss kommen, dass **beider Glück** schon bald **ein Ende haben wird**.

Die Textstelle ist aufschlussreich und charakteristisch für Fontanes Erzählweise. **Lene** wird **in ihrer Gemütstiefe** gezeigt. Dass sie unter der folgenden Trennung von **Botho** mehr leiden wird als der eher **oberflächliche Geliebte**, wird dem Leser indirekt, aber deutlich erkennbar, vermittelt. Aber auch für Botho hält das spätere Geschehen Momente bereit, die ihm das entgangene Liebesglück schmerzhaft bewusst machen. Darüber gibt das 22. Kapitel mit vielen Anspielungen Aufschluss: Botho hat der verstorbenen Frau Nimptsch einen Immortellenkranz ans Grab gebracht (und damit ein Versprechen eingelöst), auf dem Weg zum Friedhof hört er jenes Lied, das er und Lene damals auf dem Wilmersdorfer Spaziergange „so heiter und so glücklich gesungen hatten“ (S. 153). Zudem kommt ihm, der sich über Lenes Aberglauben lustig gemacht hatte, angesichts eines Glasereiwagens das alte Sprichwort in den Sinn: „Glück und Glas ...“ (S. 152) Nicht nur Botho, auch der Leser wird für sich ergänzen: „... wie leicht bricht das.“ In seine Wohnung zurückgekehrt, denkt er durchaus liebevoll an die abwesende Ehefrau, dann aber tritt „längst Zurückliegendes [...] statt Käthes wieder vor seine Seele“. Er erinnert sich an das **Zusammensein mit Lene** in „Hankels Ablage“, und darauf folgt ein Satz, der formal als Erzählerkommentar eingeschoben ist, aber auch als Gedanke Bothos – in der Form eines inneren Monologs – gelten kann: „Das war der letzte schöne Tag gewesen, die letzte glückliche Stunde ...“ (S. 156) Danach erst setzt der innere Monolog ein: Er erinnert sich der Mahnung Lenes („[...] dass ein Haar zu fest binde“) und sagt: „**nun bin ich gebunden** [...].“ Damit könnte er die Ehe mit Käthe meinen (schon der Onkel hatte ja die Verabredung der beiden Elternhäuser angesprochen: „Du bist doch so gut wie gebunden“, S. 47). Der Kontext belehrt uns aber eines Besseren: Er kommt von Lene und der Erinnerung an sie nicht los. Und da er dies „Zurückliegende“ – nicht nur Lenes Bild vor dem geistigen Auge, sondern auch die **Briefe** und jenen **Blumenstrauß** – bewältigen will und zudem **Angst um seinen Ehefrieden** hat, sofern Käthe die Überbleibsel eines Tages entdecken sollte, beschließt er deren Vernichtung. Er verbrennt, wenn auch mit dem „Gefühl eines süßen Schmerzes“ (S. 158), die Briefe, dann hält er als Letztes den Blumenstrauß in der Hand, scheut sich aber, das Haarfädchen zu lösen und wirft die Blumen ebenfalls den Briefen nach. Dies tut er „wie von abergläubischer Furcht erfasst“ – somit ist er sich auch der Symbolik der Handlung bewusst. Dass er trotz des Häufchens Asche, zu dem alle Erinnerungsstücke geworden sind, **nicht frei** ist, zeigt der letzte Satz des Kapitels, wieder im inneren Monolog („**Alles Asche**. **Und doch gebunden**“). Er beantwortet damit die sich selbst gestellte Frage, ob er denn jetzt frei sei, und mit Nachdruck bekräftigt er sogar, dass er dies auch gar nicht wollte.

Botho schwelgt häufig in Erinnerungen an Lene. FWT Köln (2006)

Die beiden aufeinander bezogenen Textstellen sind von einer **unaufdringlichen Symbolik**. Die Namen der Blumen hat Lene mit leichter, wenn auch schmerzlicher Ironie genannt. Dieses

Spiel mit Begriffen und die Reaktion Bothos darauf zeigen, wie unterschiedlich die beiden Protagonisten ihre gegenwärtige Situation einschätzen: Beide wissen, dass **ihre Liebe keine Zukunft haben wird**. Während **Lene** jedoch bei aller Verliebtheit die **Realität nie aus den Augen** verliert, versucht **Botho** die **Gedanken an** die **Zukunft** zu **verdrängen**. Wie die spätere Szene zeigt, gelingt ihm dies jedoch nur unzureichend.

Rezeption und Wirkung

1 Zeitgenössische Rezeption: Rezensionen

Theodor Fontane erfuhr, was seine Romane betrifft, schon zu Lebzeiten Erstaunliches. Da er erst im Alter angefangen hatte, sich als Romanautor zu betätigen, wäre anzunehmen gewesen, dass er bei seinen Altersgenossen Zustimmung gefunden hätte und bei jugendlichen Lesern als Repräsentant einer vergangenen Zeit abgelehnt worden wäre. Aber das Gegenteil ist der Fall. Es waren gerade die **älteren Leser**, die Fontanes Romane ablehnten, da sie sie wegen ihrer **vermeintlichen Amoralität anstößig** fanden, wohingegen er **von der Jugend geradezu verehrt** wurde. Insbesondere *Irrungen, Wirrungen* hatte es der jüngeren Generation angetan. Ein (noch jugendlicher) Gast der Feier anlässlich Fontanes siebzigstem Geburtstag notiert: „Wir hörten mit Vergnügen von den Protesten der Berliner Philister [Spießbürger] gegen das feine und innige Werk [...] und wallfahrteten zu der von Botho und Lene geweihten Stätte nach Hankels Ablage."[17] Jene „Proteste" der Spießbürger gipfeln in einer Äußerung eines Mitinhabers der *Vossischen Zeitung* (also dem Blatt, in dem der Roman zuerst in Fortsetzungen erschien) gegenüber dem Chefredakteur: „Wird denn **die gräßliche Hurengeschichte** nicht bald aufhören?" (Zitiert *EuD,* S. 86) Fontane freute sich, wie seinen Briefen zu entnehmen ist, über jedes „Zu-mir-Stehn" und „freie[...] Drüberstehn" und bekennt, „daß der alte sogenannte Sittlichkeitsstandpunkt ganz dämlich, ganz antiquiert und vor allem ganz lügnerisch ist" (ebd., S. 80). Aber nicht nur von der bürgerlichen Seite kam Kritik, auch der Adel mokierte sich über die **Mesalliance** (nicht standesgemäße Ehe), obwohl diese im Roman gar nicht vollzogen wird – so mächtig schien allein schon die **Möglichkeit einer freien Bindung** zu verlocken, wie sie nicht nur Botho, sondern vor allem Rexin zeitweise vorschwebten.

Obwohl also Fontanes Romane die **alten gesellschaftlichen Muster**, insbesondere im Hinblick auf die Klassenunterschiede, äußerlich beibehalten, spürten die jugendlichen Leser offensichtlich die **Modernität** dieses Autors, sodass Heinrich Mann (*1871) sagen konnte:

> *Der moderne Roman wurde für Deutschland erfunden, verwirklicht, auch gleich vollendet von einem Preußen [...], Theodor Fontane. Als erster hier hat er wahrgemacht, daß ein Roman das gültige, bleibende Dokument einer Gesellschaft, eines Zeitalters sein kann.*[18]

Die **zukunftsweisenden Aspekte** der Romankunst Fontanes wurden von den ersten Rezensenten von *Irrungen, Wirrungen* nicht immer erkannt und hervorgehoben. Sie sind zwar meist voll des **Lobes über die Menschengestaltung**, dürften aber dennoch nicht immer Fontanes Zustimmung gefunden haben, wenn sie seine Figuren als **Typen** und weniger als **Individuen** verstanden (vgl. *EuD,* S. 88 f.; ferner S. 98). Auch jener Rezensent, dem Fontane für sein „Zu-mir-Stehn" dankte, kommt zu dem Schluss, die „große ethische Tendenz, die aus den Vorgängen dieser Berliner ‚Alltagsgeschichte' [...] hervorleuchtet", sei die **Aufrechterhaltung der „bestehende[n] Weltordnung"** (*EuD,* S. 92; vgl. auch S. 97). Die Schlichtheit und selbst die scheinbare Ereignislosigkeit der Erzählung wird oft als „Meisterschaft" und „Kunstweisheit" hervorgehoben, aber auch hier überwiegt die Beurteilung des Romans als **Widerspiegelung einer typischen Berliner Realität**, und auch die **moralischen Bedenken** sind nicht auszuräumen („Für junge Mädchen ist das Buch nicht bestimmt", *EuD,* S. 96; ähnlich ebd., S. 102). Jedoch wird Fontane immerhin schon attestiert, seine Erzählung sei

„frei von jedem unsittlichen Anhauch“ (*EuD*, S. 99), und es handle sich keineswegs um ein „gewöhnliches frivoles Verhältnis“ (*EuD*, S. 101).

Einig sind sich die Rezensenten in der Beurteilung des Romans als **realistisch**. Fontane habe die zeitgenössische Wirklichkeit mit **Humor** und **feinem Gespür** für die Charakteristika der Berliner und der märkischen Bevölkerung treffend wiedergegeben: *Irrungen, Wirrungen*, so heißt es, sei eine „dichterische Verkörperung des modernen Berlin“ (*EuD*, S. 106). Dieser Realismus wird gelegentlich kritisiert; so gibt ein Rezensent zu bedenken, das „moderne Streben nach realistischer ‚Wahrheit‘ oder besser Wirklichkeit“ – er bezieht sich auf die Verwendung des Dialekts – führe allzuleicht zur „Trivialität“ (*EuD*, S. 95). Aber im Wesentlichen heißt es, insbesondere, wenn man den Roman mit Erzeugnissen der Trivialliteratur, etwa aus der populären Zeitschrift *Gartenlaube*, vergleicht: „Hier leset, und dann wißt ihr, wie sich's damals lebte.“ (*EuD*, S. 93) Fontanes lebenskluger Realismus wird lobend von der zeitgleich stattfindenden Strömung des **Naturalismus**, insbesondere bei Ibsen, abgehoben. Es werden auch Vergleiche mit anderen Autoren angestellt, die zugunsten Fontanes ausfallen (Emile Zola) oder ihn gar in eine Reihe mit Schriftstellern wie Turgenjew und Tolstoi stellen.

Eine etwas skurrile Beurteilung des Romans finden wir bei dem sozialistischen Schriftsteller Franz Mehring, der sich darüber erregt, dass der adlige „Schlingel“ seine vorehelichen sexuellen Erfahrungen verschweigen darf, wohingegen Lene ihren „Fehltritt“ bekennen müsse. Auch das Gespräch, das Gideon mit dem besagten „Schlingel“ über das siebte Gebot und über die Ehe führte, könne in dieser Form niemals stattgefunden haben, es sei eine „Utopie des Kapitalismus“ (*EuD*, S. 116 f.). Mehring konnte die zahlreichen brieflichen Äußerungen Fontanes zur Kritik am Kapitalismus nicht kennen. Er begeht aber unabhängig davon den **Fehler**, die **Äußerungen der Romanfiguren** mit der **Meinung Fontanes gleichzusetzen**.

2 Literaturwissenschaftliche Rezeption

In der Literaturwissenschaft gilt dem **Schluss** des Romans – und damit der Frage, wie das Geschehen letztlich zu bewerten ist – das besondere Interesse. In frühen Interpretationen herrscht die Meinung vor, Fontane ergehe sich in **milder Resignation angesichts der gesellschaftlichen Zwänge**. Von einem solchen „schmerzlich[en] Sich-Zurecht-Finden" und „resignierende[m] Sich-Einfügen" ist auch noch in neueren Analysen gelegentlich die Rede (vgl. *EuD,* S. 123). Dem stehen Untersuchungen gegenüber, die den Ausgang als **tragisch** bezeichnen – trotz der Doppelhochzeit am Schluss, die in jedem Trivialroman als befriedigender Abschluss aufzufassen wäre. Deshalb muss der Begriff des „Tragischen" erläutert werden: Er bedeutet ja, streng genommen, dass sich die Helden in einer **ausweglosen Situation** befinden und sich deshalb **dem Schicksal unterwerfen müssen**. Allerdings heißt das nicht, dass nicht auch ein anderer Ausgang – in der Zukunft – denkbar wäre. Dieser Tragikbegriff lässt sich somit auch auf *Irrungen, Wirrungen* anwenden. Ein früher Rezensent hat dies 1889 wie folgt ausgedrückt:

> *Ganz leise scheint mir [...] die Frage anzuklingen: Ist auch wirklich alles gut in unserer Gesellschaftswelt? Muß man ein prächtiges Geschöpfchen wirklich lassen aus Standes- und Standesamtsvorurtheilen? Fontane ist konservativ und mit einem kleinen Seufzer antwortet er: Es muß wohl so sein. Aber ich bin nicht sicher, daß er eines Tages – meinetwegen mit achtzig Jahren – laut und deutlich, und am Ende gar in der ‚Vossischen Zeitung', sagen wird: Nein.* (*EuD*, S. 113)

Obwohl das „Tragische" in dieser Äußerung deutlich abgeschwächt ist, bleibt doch festzuhalten, dass der Verfasser die **zukunftsweisende Intention** Fontanes erkannt hat. Dass der Autor trotz eines scheinbaren Verharrens in den Zwängen seiner Zeit **nicht als Vertreter des Status Quo** anzusehen ist, lässt sich an dem in der Erzählung so oft bemühten **Ordnungsbegriff** festmachen. In einer Studie von 1959, die mit „Die Frage nach dem Glück in Theodor Fontanes *Irrungen, Wirrungen*" überschrieben ist, wird herausgearbeitet, dass die „Ordnung", die Botho als Maßstab setzt, gerade das nicht leiste, was sie eigentlich bewirken sollte, nämlich das Glück der in ihr Lebenden zu ermöglichen. Deshalb sei Fontane davon weit entfernt, „im Zurücktreten in die bestehende Ordnung eine allgemeine Lösung zu sehen" (*EuD,* S. 125). Der Germanist Walther Killy hat seiner Interpretation des Romans den aussagekräftigen Titel „Abschied vom Jahrhundert" gegeben. **Botho unterwerfe sich** den durch den Onkel repräsentierten **„Erfordernissen und Sitten** [...], **deren Kraft und Gültigkeit nicht mehr unbestritten** sind." (Killy, S. 269) Und das Ende sei tragisch zu nennen, obwohl mancher Leser dies gar nicht merken dürfte, denn hier finde keine „heroische Vernichtung" statt, allenfalls eine „alltägliche Nichtigkeit". Der „**tragische Vorgang**" sei also „**verflacht**, aber [...] **nicht geschwunden**".

In diesem Sinne dürfte auch das Wort Heinrich Manns, Fontane sei ein „moderner Autor", verstanden werden: Wenn es Fontane darum gegangen wäre, lediglich seine Zeit und deren Umstände zu beschreiben, um damit zu sagen: „So ist es und so bleibt es", dann wäre er kaum modern zu nennen gewesen.

3 Filmische und literarische Rezeption

Der Roman *Irrungen, Wirrungen* liefert die Vorlage für einen **1936/37** entstandenen Spielfilm: ***Ball im Metropol.***[19] Die Dreißigerjahre bilden den Hintergrund. Von Fontanes Roman wird der **Standesunterschied übernommen**. Ein adliger Kammerherr sperrt sich gegen die Verbindung seines Neffen Eberhard mit der einfachen Verkäuferin Trude. Diese ist in ihrer Ehre verletzt, als sie von der Ablehnung erfährt, und möchte Verzicht üben. Als Eberhard jedoch verdächtigt wird, mit seiner verheirateten Cousine ein Verhältnis zu haben, wird er von deren eifersüchtigen Mann **zu einem Duell herausgefordert**. Jetzt ist es an Trude, die Situation aufzuklären, und es kommt doch zu einem **Happy End:** Trude und Eberhard heiraten.

Auch der in den letzten Kriegsmonaten **1944/45** unter denkwürdigen Umständen entstandene Spielfilm ***Das alte Lied*** (Uraufführung 30. März 1945; Regie: Franz Peter Buch) benutzt *Irrungen, Wirrungen* als Vorlage, übernimmt aber auch **Elemente aus anderen Romanen Fontanes**, z. B. *Stine*. Stine heißt auch die weibliche Hauptperson, eine Blumenbinderin. Die Handlung spielt um 1880. Der Konflikt entwickelt sich, ähnlich wie beim *Ball im Metropol,* aus dem Standesunterschied: Hier ist es der Graf Richard von Haldern, der seinen Neffen, den Grafen Erwin von Haldern mit der reichen Käthe von Sellenthin verheiraten will. Erwin macht Stine zwar einen Heiratsantrag, doch diesmal ist es Stine selbst, die **wegen der unterschiedlichen Herkunft den Antrag ablehnt**. Sie heiratet schließlich den braven Gärtner Franke.[20]

Beide Spielfilme bedienen somit noch die klischeehafte **Vorstellung „Adel versus Kleinbürgertum"**, wie sie seit Schillers Bürgerlichem Trauerspiel *Kabale und Liebe* in unzähligen Trivialstücken und -romanen zu finden war. Das bei Fontane **zart angedeutete Innenleben der Personen**, v. a. Lenes, wird in den Spielfilmen vermehrt in den Dialogen sichtbar. Begründet liegt dies in den unterschiedlichen Möglichkeiten des literarischen und filmischen Erzählens. Dennoch – oder gerade deswegen – mag es reizvoll sein, den jeweiligen Film mit der Vorlage zu vergleichen.

Die 1966 von Rudolf Noelte inszenierte **Fernsehadaption** hält sich größtenteils an die Romanvorlage. Trotzdem liegt eine **freie Bearbeitung** vor, da Szenen aus Fontanes Text verändert, vertauscht oder gestrichen wurden. So findet das 4. Kapitel, in dem Botho den Konversationsstil des Adels parodiert, keinen Eingang in den Film. Die erste Begegnung zwischen Lene und Botho während des Bootsausflugs hingegen wird stärker ins Zentrum der Aufmerksamkeit gerückt.

Cordula Trantow als Lene in Noeltes Verfilmung von 1966

1984 erschien im Fischer-Verlag Frankfurt am Main der Roman ***Neue Herrlichkeit*** des in Ostberlin lebenden Schriftstellers **Günter de Bruyn**, ein Buch, das alsbald in der DDR für Furore sorgte und 1986 erst nach einigen Abschwächungen als 2. Auflage gedruckt werden durfte. In Rezensionen und Zensurberichten ist von Fontane nirgends die Rede, dennoch ist die Bezugnahme offensichtlich. Der Autor, wie Fontane ein Märker, verlegt das Geschehen in ein abgelegenes **DDR-Ferienheim**, ironisch „Neue Herrlichkeit" genannt. Dort verliebt sich der junge **Diplomat Viktor Kösling**, Sohn eines hohen DDR-Funktionärs, in das **Zimmermädchen Thilde**, Enkelin der liebenswerten, demenzkranken Tita. Viktor, der eigentlich die Abgeschiedenheit nutzen sollte, um seine Dissertation zu Ende zu schreiben, kommt damit aber nicht voran. Er prügelt sich mit dem Liebhaber Thildes, dem philosophierenden Gärtner Sebastian. Schließlich sorgt er dafür, dass Tita in ein – beängstigend unmenschlich geschildertes – Altersheim abgeschoben wird, in dem sie alsbald stirbt. Die Liebe zwischen dem angepassten und der Mutter hörigen Victor und dem etwas naiven Zimmermädchen kann aber keine Zukunft haben – dafür sorgen der Vater und seine resolute Frau. Trotz der **deutlich vorgetragenen Sozialkritik** wird das Geschehen aber nicht ohne

Humor geschildert, wenn auch vermischt mit einem kräftigen Schuss **Sarkasmus**. Was bei Fontane und bis in die Handlung der angesprochenen Spielfilme hinein der Standesunterschied ausmachte, wird in der eigentlich **„klassenlosen" Gesellschaft** der DDR immer noch spürbar, jetzt ironisch gebrochen in dem Verhältnis zwischen Funktionärselite und „Arbeiterklasse". Die **menschlichen und charakterlichen Schwächen** sind allerdings noch die gleichen. So heißt es von Viktor, er sei einer, „der gelernt hat, auch wenn er selbst bewegen will, bewegt zu werden"[21]. Insofern fügt er sich in das ihm zugedachte Diplomatendasein und verrät seine Liebe, indem er Thilde sogar die Schuld an seinem „Schmerz" gibt. Diese aber wird vermutlich nicht lange trauern, sondern ihren Sebastian heiraten.

In den letzten Jahren widmeten sich viele **Theateradaptionen** der Geschichte von Lene und Botho, so z. B. 2006 das *Freie Werkstatt Theater* Köln, 2010 das *Theater an der Parkaue* Berlin, 2012 das Theater *Die Katakombe* Frankfurt und 2016 das *Deutsche Theater* Göttingen. Dem Roman wird immer noch **brisante Aktualität** zugeschrieben. Der Gegensatz zwischen Adel und Bürgertum ist zwar veraltet, dennoch existieren auch heutzutage Gesichtspunkte, die von Menschen als **Hinderungsgründe für eine Beziehung** angesehen werden, sei es die Herkunft, die Religion oder die sexuelle Orientierung eines Menschen.

Literaturhinweise

Textausgaben

FONTANE, THEODOR: *Irrungen, Wirrungen.* Anmerkungen von Frederick Betz. Stuttgart: Reclam, 1994. Durchgesehene Ausgabe 2010. (Reclams Universal-Bibliothek, 18741.)
Nach dieser Ausgabe wird im Text und in den Anmerkungen zitiert.

FONTANE, THEODOR: *Werke und Briefe.* Hrsg. von Walter Keitel. München: Hanser, 1962 ff. Abt. I: *Romane, Erzählungen, Gedichte.* Abt. II: *Wanderungen durch die Mark Brandenburg.* Abt. III: *Aufsätze, Kritiken, Erinnerungen.* Abt. IV: *Briefe.* Zitiert als *Werke.*

Biografisches

FONTANE, THEODOR: *Ein Leben in Briefen.* Mit zahlreichen Bildnissen und Faksimiles. Ausgew. und hrsg. von Otto Drude. Frankfurt a. M.: Insel,1981 (Insel Taschenbuch. 540.). Zitiert als: *LiB.*
Sammlung der wichtigsten Briefe, mit kurzen biografischen Überleitungen.

NÜRNBERGER, HELMUTH: *Theodor Fontane. In Selbstzeugnissen und Bilddokumenten.* Reinbek: Rowohlt, 1968 u. ö. (Rowohlts Monographien. 145.)
Kurz und bündig.

Kommentare und Interpretationen

BETZ, FREDERICK: *Theodor Fontane: Irrungen, Wirrungen.* Erläuterungen und Dokumente. Stuttgart: Reclam, 1979. Durchgesehene Ausgabe 2002. (Reclams Universal-Bibliothek. 8146.)
Im Text und in den Anmerkungen zitiert als *EuD.*

HETTCHE, WALTER: *Irrungen, Wirrungen. Sprachbewußtsein und Menschlichkeit: Die Sehnsucht nach den ‚einfachen Formen'*. In: *Fontanes Novellen und Romane*. Hrsg. von Christian Grawe. Stuttgart: Reclam, 1991 (Reclams Universal-Bibliothek. 8416), S. 136–156.

Weitere Sekundärliteratur

AUST, HUGO: *Theodor Fontane. Ein Studienbuch.* Tübingen & Basel: Francke, 1998.

Die Einzeldarstellungen der Fontane'schen Romane sowie des lyrischen Werks fassen die bis dahin vorliegenden Interpretationen bündig zusammen.

GRAWE, CHRISTIAN/NÜRNBERGER, HELMUTH (Hrsg.): *Fontane-Handbuch.* Stuttgart: Kröner, 2000.

Gründliche Übersicht über Leben und Gesamtwerk mit Kurzinterpretationen sowie Wiedergabe des Forschungsstandes bis 2000.

KILLY, WALTHER: *Abschied vom Jahrhundert. Fontane: ‚Irrungen, Wirrungen'.* In: *Theodor Fontane.* Hrsg. von Wolfgang Preisendanz. Darmstadt: Wiss. Buchgesellschaft, 1973 (Wege der Forschung. 381.), S. 265–285.

Nachweis, dass Fontane in *Irrungen, Wirrungen* ein „Zeitbild" entworfen hat.

MATT, PETER VON: *Liebesverrat. Die Treulosen in der Literatur.* München: Carl Hanser, 1989.

In dem Kapitel „Varianten des Liebesvertrags in der Literatur" (S. 137–42) geht er speziell auf die „Interferenz der Verträge in *Irrungen, Wirrungen*" ein.

Anmerkungen

1 Peter von Matt: *Liebesverrat. Die Treulosen in der Literatur.* München: Hanser 1989, S. 137.

2 Clara Liesenhoff vergleicht in ihrer Arbeit *Fontane und das literarische Leben seiner Zeit. Eine literatursoziologische Studie.* Bonn: Bouvier, 1976, den Romanschluss von *Irrungen, Wirrungen* mit dem Schluss des Romans *Goldelse* von E. Marlitt (1888). Die Doppelhochzeit am Schluss – ein unerlässlicher Topos des Trivialromans – könne nicht darüber hinwegtäuschen, dass beide Ehen aus Konvention und Standeserwägungen heraus geschlossen worden seien.

3 *Werke,* Abt. I, Bd. 5, S. 372.

4 Die Zitate zur Entstehungsgeschichte sind der Ausgabe des Aufbau-Verlages (*Romane und Erzählungen,* Bd. 5), S. 529 ff., entnommen. Einige von ihnen finden sich auch in *EuD,* S. 64 ff.

5 Die genaue Angabe einzelner Tage hat in der Fontane-Literatur Überlegungen veranlasst, der Autor habe den Kirchenkalender zugrundegelegt: Ostern – Pfingsten – 29. Juni (Peter und Paul) – dann der 24. Juni (Johannistag, auch Sommersonnenwende). Vgl. dazu: Hugo Aust, S. 120, und Christian Grawe: „Käthe von Sellenthins ‚Irrungen, Wirrungen'. Anmerkungen zu einer Gestalt in Fontanes gleichnamigem Roman". In: *Fontane-Blätter* 33 (1982), S. 84–100.

6 Vgl. Christian Grawe in: *Fontane-Handbuch,* S. 581.

7 Die Darstellung folgt hier der Interpretation von Walther Killy, S. 274.

8 *Werke,* Abt. III, Bd. 1, S. 430.

9 Der Rezensent spielt auf Lenes Bemerkung gegenüber Botho an: „Ich bin nicht wie das Mädchen, das an den Ziehbrunnen lief und sich hineinstürzte, weil ihr Liebhaber mit einer andern tanzte." (S. 104) – Vgl. dazu auch S. 68 (Kapitel „Zentrale Themen und Motive").

10 So Walther Killy, S. 271.

11 Vgl. Liselotte Voss: *Literarische Präfiguration dargestellter Wirklichkeit bei Fontane. Zur Zitatstruktur seines Romanwerks.* München 1985, S. 177.

12 Ein Rezensent des Romans spielt auf die Dramenstruktur an, indem er auf den „analytischen Aufbau" hinweist: So wie ein „analytisches Drama" die Vorgeschichte ausspart, träten wir auch hier „in die Erzählung ein, als [das Liebesverhältnis] schon seinem Höhepunkt zugeführt wird." (*EuD,* S. 104)

13 Fontane hat demgegenüber des Öfteren erklärt, unter „Realismus“ sei nicht die bloße Wiedergabe z. B. des Elends zu verstehen, wie es dann der Naturalismus forderte, sondern immer eine künstlerische Bearbeitung des Stoffes. Er verwendet hierzu die sogenannte Steinbruchmetapher: Der Künstler nimmt nicht den bloßen Marmorblock (das wäre die Realität, und der Naturalist würde sich damit begnügen), sondern er bearbeitet und formt, ‚veredelt‘ ihn. Diese Auffassung vertritt er schon früh (1853) in dem Aufsatz *Unsere lyrische und epische Poesie seit 1848*, in: *Werke*, Abt. III, Bd. 1, S. 236–260, hier: S. 240 f.

14 Manfred Allenhöfer: *Vierter Stand und alte Ordnung bei Fontane. Zur Realistik des bürgerlichen Realismus.* Stuttgart: Akademischer Verlag, 1986, S. 29. Dort heißt es weiter, diese Wirklichkeitsverweigerung zeige sich „auch in der Ausklammerung von Begriffen, die ihrer sozialen Eindeutigkeit wegen Reizwörter sein müssen. Wenn also der ebenso konkrete wie affektbesetzte Begriff des ‚Proletariats‘ ersetzt wird durch die indifferenten Wörter ‚Volk‘, ‚Leute‘ oder ‚Menschen‘, wird perspektivisch soziale Realität entschärft“.

15 Diese Bevorzugung wird sogar an der Handschrift deutlich gemacht. Lenes Handschrift ist „klar“ (S. 157), bei Käthes „undeutliche[m] Gekritzel“ hat Botho dagegen Mühe, es zu entziffern (S. 137).

16 An Gustav Karpeles. In: *LiB*, S. 228.

17 Zit. nach: Hans Scholz: *Theodor Fontane.* München: Kindler, 1978, S. 25.

18 Zit. ebd., S. 24.

19 Vgl. http://www.filmportal.de/film/ball-im-metropol
Dort findet man auch eine ausführliche Inhaltsangabe.

20 Vgl. https://de.wikipedia.org/wiki/Das_alte_Lied
Das *Fontane-Lexikon* bezeichnet diesen Film fälschlicherweise als die „erste Verfilmung von *Irrungen, Wirrungen*“ (S. 989).

21 Zit. nach der 2. Auflage im Mitteldeutschen Verlag, Halle und Leipzig, 1985, S. 202.